백설공주는
왜 자꾸
문을 열어 줄까

동화로 만나는 사회학
백설공주는 왜 자꾸 문을 열어 줄까

초판 1쇄 펴냄 2011년 6월 30일
　　33쇄 펴냄 2023년 4월 7일

지은이 박현희

펴낸이 고영은 박미숙
펴낸곳 뜨인돌출판(주) | 출판등록 1994.10.11.(제406-251002011000185호)
주소 10881 경기도 파주시 회동길 337-9
홈페이지 www.ddstone.com | 블로그 blog.naver.com/ddstone1994
페이스북 www.facebook.com/ddstone1994 | 인스타그램 @ddstone_books
대표전화 02-337-5252 | 팩스 031-947-5868

ISBN 978-89-5807-334-5 03300

백설공주는
왜 자꾸 |동화로 만나는 사회학|
문을 열어 줄까

박현희 지음

뜨인돌

머리말

학창 시절의 나를 알고 있는 사람들 가운데에는 내가 교사가 되었다는 것, 그리고 십수 년 동안 계속 교사로 살고 있다는 데 놀라는 이들이 많다. 학창 시절의 나는 학교가 적성에 맞는 학생은 아니었기 때문이다. 학교가 적성에 맞지 않았던 가장 큰 이유는 내가 자꾸만 왜냐고 물었기 때문이다. 나는 의심이 많은 아이였다.

학교는 '물론'이 난무하는 곳이다. 수많은 금지의 규범과 그보다 더 많은 강제 규범들이 학교를 지배하고 있는데, 그 규범들의 공통점은 왜 그래야 하는지에 대한 설명이 전혀 없다는 점이다. 그리고 그 규범이 힘을 발휘하기 위해서는 "왜?"라는 질문을 불온한 것으로 만드는 것이 중요하다. 구성원들이 자꾸 이유를 물어보기 시작하면 대답은 점점 궁색해지고 규범은 힘을 잃기 때문이다.

묻지 말아야 할 순간에, 의심하지 말고 믿어야 하는 순간에, 자꾸 "왜?" "정말?" 하는 의문이 솟아오르는 것은 정말 불편한 일이다. 해결할 능력도 의지도 부족한데 의문과 의심이 자꾸 솟아나는 것은 정말 힘겹다. 그냥 쉽게 갈 수 있는 길을 어렵게 가고 있다는 느낌을 지울 수 없었다.

학교가 적성에 맞지 않는 아이가 자라서 교사가 되었다. 교사가 되어 만난 학교도 여전히 의문과 의심을 불러일으키기에 충분했다. 왜 학생들은 화장을 하면 안 되고 항상 머리는 단정해야 할까? 왜 학생들은 꼭 교복을 입고 학교에 와야 할까? 왜 학생들은 쉬는 시간을 이용해 잠시 학교 밖에 나갈 때 교사의 허락을 받아야 할까? 왜 대학에 갈 능력도, 의사도 없는 학생들까지도 정기적으로 수학능력시험 모의평가를 치러야 할까? 왜? 왜? 왜?

나는 여전히 불쑥불쑥 솟아오르는 의문과 의심에 불편해하면서 살고 있다. 나는 매일매일 궁금하다. 이 책에 담은 이야기들은 내 의문과 의심의 기록이다.

나는 학교에 대해, 세상에 대해 품고 있는 의문과 의심들을 동화 이야기를 통해 풀어 보고 싶었다. 세계 명작 동화는 학교와 아주 비슷하다. 우리 사회가 미래 세대에게 바라는 것을 담고 있다는 점에서 그렇다. 그래서 동화의 메시지와 학교의 메시지는 아주 유사하다. 거짓말을 하면 대가를 치르게 되니 항상 정직하라, 어머니 말씀을 듣지 않고 샛길로 빠지면 곤경에 처할 테니 항상 정해진 길을 가라, 쓸데없는 허영을 키우는 것은 몰락으로 가는 지름길이니 언제나 삼가는 마음으로 생활하라.

나는 동화 속 주인공들을 세 개의 마을로 불러 모았다. 관용의 마을에는 가르침대로 살지 않았거나 가르침대로 살았지만 그로 인해 곤경에 처한 주인공들이 살고 있다. 「여우와 두루미」의 여우는 친구와 화해하고 사이좋게 지내라는 가르침을 실천했으나 오히려 문제는 악화되었다. 계속 거짓말을 한 양치기 소년, 학교에 가기를 거부한 피노키오, 대충대충 제멋대로 집을 지은 아기 돼지 삼형제의 두 형은 가르침대로 살지 않은 주인공들이다. 나는 이들의 어리석은, 혹은 무책임해 보이는 선택에도 그 나름의 이유가 있을 것이라 생각했다. 동화는 끝이 났기에 이들은 더 이상 자신을 변명할 수 없으니 내가 대신 해주는 것도 좋을 것 같았다.

두 번째 마을은 일탈의 마을이다. 이 마을에는 '물론의 세계'에서 자명한 진리로 받아들이는 규범을 벗어던진 주인공들이 모여 있다. 중간에 잠을 자는 것으로 게임의 규칙에서 빠져나온 토끼와 그 토끼의 일탈을 있는 그대로 받아들여 준 거북이, 딴 길로 새지 말고 주어진 임무만 충실하게 하라는 엄마의 가르침을 어기고 죽을 고비를 넘긴 빨간 모자 소녀, 세상 모든 이들이 부러워하는 황금알을 낳는 거위를 제 손으로 죽여 버린 사람, 금기를 넘어 불온한 분홍신을 신고 춤추다 쓰러지는 삶을 선택한 소녀가 이 마을에 살고 있다. 개미와 베짱이도 서로의 삶을 이해하고 연대할 수 있었다면 모두에게 좋았을 것이다. '물론의 세계'가 권장하는 선택을 거부하고 남들과 다른 선택을 한 이들은 다들 곤경에 처했으나 누군가는 행복해졌고 누군가는 죽음을 맞는 등 서로 다른 결말을 맞는다. 하지만 이들이 '물론의 세계'에 던진 의문 덕분에 우리의 선택지가 더 다양해졌다.

세 번째 마을은 지혜의 마을이다. 백설공주, 신데렐라, 잠자는 숲속의 공주, 라푼젤, 그리고 「미녀와 야수」의 미녀를 이 마을로 불렀다. 이들의 삶을 통해 우리가 사는 세상의 진짜 모습에 대해 생각해 보고 싶었다. 왜 왕자는 신데렐라를 찾기 위해 하필이면 신발을 동원했는지, 잠자는 숲속의 공주가 정말 잠에 빠져든 이유는 무엇이며 어떻게 잠에서 깨어나게 되었는지, 라푼젤은 왜 그리도 지독하게 머리카락을 길렀는지, 미녀는 왕자로 변해 버린 야수를 계속 사랑할 수 있었는지, 하는 의문에 대한 답을 찾아보면서 동화가 내게 주는 진짜 교훈을 찾고 싶었다. 이 마을은 관계 맺기에 서툰 나를 위한 마을이기도 하다. 이 마을에는 관계 맺기에 서툴고, 그래서 불행한 이들이 살고 있다. 백설공주와 왕비는 모두 관계의 단절 때문에 힘겨운 이들이다. 좋은 관계를 맺고 서로 우정을 나누고 연대하는 것은 다른 모든 결핍들을 이겨 나가는 든든한 힘이 된다.

이렇게 동화를 새롭게 읽고 생각을 정리하는 동안 나는 학교에서 만나는 아이들을 더 많이 이해하게 되었다. 그 멍청이 주인공들에게도 그럴 만한 이유가 있는데 우리 아이들인들 그럴 만한 이유가 없겠는가. 교문을 들어설 때마다 복장 위반으로 야단맞고, 지각해서 출석부에 체크되고, 한마디도 알아들을 수 없는 수업을 하루 7시간이나 견뎌야 하는데도, 그런데도 우리 아이들은 매일 학교에 온다. 이것이 기적이 아니라면 무엇이 기적이겠는가.

아이들은 관계 맺기에 서툴러서 늘 외로운 존재이던 나를 행복한 존재로 만들어 주었다. 아이들은 항상 내가 준 것보다 더 많이 되돌려 준다. 그들은 항상 먼저 인사를 건네 주고, 소소한 일에도 크게 웃는 법을 가르쳐 준다. 좋은 말 한마디 건네는 것이 얼마나 상대방을 행복하게 해주는지를 알려 준 것도 그들이다. 달랑 사탕 두 알을 걸고 벌이는 빙고 게임에도 혼신의 힘을 다해 참여하는 것으로 참된 즐거움이 어디에서 오는지 가르쳐 준다. 한마디로 아이들은 내가 스스로 좋은 사람이 되기를 열망하게 한다. 그들은 사람을 변화시켰다. 이것이 또한 기적이 아니라면 무엇이 기적이겠는가. 우리 아이들은 매일 기적을 만들어 낸다.

매일 기적을 만들어 내는 아이들, 실은 한 명 한 명이 기적같이 소중한 존재인 아이들에게 이 책을 통해 해주고 싶은 이야기는 이것이다. 학교가 너에게 맞지 않을 뿐이야. 그러니 주눅 들지 말고 당당하게 너의 행복을 찾아가렴. 너는 매일 기적을 만들면서 살고 있는 놀라운 존재 아니겠니?

이 책을 펼쳐 든 그대도 어쩌면 나처럼 불쑥불쑥 솟아나는 의문과 의심으로 괴로움을 겪고 있을 수도 있겠다. 그래서 쉬운 길을 늘 돌아가면서 남몰래 한숨 쉬고 있을지도 모르겠다. 그런 그대에게 이 책 속의 이야기가 위안이 되었으면 좋겠다. 그대를 동화 속 멍청이들의 마을로 초대한다.

차례

제3장 **지혜의 마을**

제1장 ── **관용의 마을**

관용의 마을에는 가르침대로 살지 않았거나 가르침대로 살았지만 그로 인해 곤경에 처한 주인공들이 살고 있다. 여우는 두루미와 사이좋게 지내라는 가르침을 실천했으나 오히려 문제는 악화되었다. 거짓말을 계속한 양치기 소년, 학교에 가기를 거부한 피노키오, 대충대충 제멋대로 집을 지은 아기 돼지 삼형제의 두 형은 가르침대로 살지 않은 주인공들이다. 이들의 어리석은, 혹은 무책임해 보이는 선택에 나름의 이유가 있지는 않았을까?

우리에겐 싫어할 이유가 충분한 이를 싫어할 권리가 있다

여우와 두루미

여기에서 배우라, 대접받고 싶은 대로 대접해야 한다는 것을

여우와 두루미는 사이가 좋지 않았다. 어쩌면 둘은 싸웠을지도 모르겠다. 여우는 '그냥' 두루미를 초대했다지만 사실은 화해를 원했기에 벌인 이벤트였을 수도 있다. 친하지도 않은 사이끼리 '그냥' 식사 초대를 한다는 건 상식적으로 볼 때 너무 작위적이다. 여우는 나름 솜씨를 부려서 맛난 것을 장만해 두루미에게 내놓았으나 두루미는 아무것도 먹지 못했다. 얇은 접시에 담아놓은 고기 수프를 맛있게 먹고 있는 여우를 보니 열만 받는다. 길고 뾰족한 부리를 가진 두루미는 아무리 애를 써도 음식을 먹을 수가 없다. 두루미는 잘 차려진 식탁 앞에서 배를 곯고 돌아서야 했다.

곧이어 두루미가 여우를 초대했다. 차려 놓은 식탁 앞에서 열

받는 쪽은 이번에는 여우이다. 여우는 좁고 긴 병에 담긴 음식을 먹을 재간이 없다. 두루미가 자꾸만 어서 먹으라고 권하지만 아무것도 먹을 수가 없었다.

여우와 두루미가 마주 앉은 그 우스꽝스러운 두 차례의 식사에서 우리는 상대방의 입장에서 생각해야 한다는 교훈을 얻으라고 배웠다. 두루미와 화해를 하고 싶었다면 여우는 두루미가 원하는 것을 생각해 보아야 했다. 하지만 여우는 자신이 원하는 것을 먼저 생각했다. 그러니 그대들은 「여우와 두루미」이야기로부터 배우라. 당신이 대접받고 싶다면 상대방을 배려하라.

여우를 위한 변명

적어도 여우는 먼저 화해를 청했다. 화해의 식사 자리도 먼저 마련했으며, 두루미의 초대에도 선뜻 응했다. 그런데 왜 여우의 선한 의도는 생각해 주지 않고 그의 배려 없음만을 탓하는가? 많은 이들이 여우를 손가락질하지만, 나는 감히 '여우를 위한 변명'을 해보고 싶다.

여우가 그런 실수를 한 이유는 소문과는 달리 여우의 머리가 별로 좋지 않기 때문이다. 사람들은 '꾀 많은 여우'라고들 하지만, 그런 생각은 여우의 샤프한 외모로부터 파생된 선입견이라고 보아야 할 것 같다. 우리는 여우가 꾀가 부족해서 겪는 여러 가지 곤경에 대해 이미 알고 있는데도 애써 그것을 외면하는 경향이 있다.

여우는 두루미와의 식사 이전에도 많은 우스운 꼴을 겪었다. 호랑이 가죽을 뒤집어쓰고 호랑이 흉내를 내다가 봉변을 당한 이야기는 호가호위狐假虎威라는 고사성어로까지 만들어져 사람들의 뇌리에 새겨졌다. 망신도 이런 망신이 없다. 포도 좀 먹어 보겠다고 펄쩍펄쩍 뛰다가 포기하고 돌아서며 던진 그 한마디, "저건 신포도야"도 유명하다. 등장하는 이야기마다 여우는 머리를 쓰느라고 썼으나 별 볼 일 없는 결말을 만났다. 「여우와 두루미」에서도 철딱서니 없는 실수를 저질러 애써 마련한 자리를 엉망으로 만들어 버렸고, 결국 두루미에게 초대 받은 식사자리에서 쫄쫄 굶고 돌아오는 수모를 겪는다.

게다가 여우는 지나치게 순진하다. 두루미와 사이가 좋은 것도 아니고 자기가 만든 화해의 자리가 두루미를 완전 열 받게 하는 것으로 끝났다면, 여우는 긴장해야 마땅하다. 적어도 상식이 있는 여우라면! 그런데 여우는 두루미의 식사 초대에 한 점 의심도 없이 응한다. 실수를 했어도 진심은 통한다고 믿었던 것일까? 호랑이 탈을 뒤집어쓰고 자신을 호랑이라 속이면 세상 끝까지 호랑이로 살 수 있으리라는 믿음도 너무 순진하고, "저건 신포도야"라고 돌아서면 포도 앞에서 안달하던 모습을 숨길 수 있을 것이라는 믿음도 그렇다. 세상이 딱 자기 수준일 것이라 믿는 순진함, 세상 모든 이들이 자기가 보여 주고 싶은 것만 볼 것이라 믿는 순진함이 여우를 추문의 주인공으로 만들었다.

겉으로 드러나는 모습이 같다고 해서 본질도 같은 것은 아니다. 서로를 배려하지 않은 여우와 두루미는 둘 다 상대방에게 식사를 대접하는 데 실패했다. 하지만 그렇다고 해서 둘의 행동이 정말 같은 것일까? 표면적인 결과만 보면 둘은 동일한 잘못을 저질렀지만, 그 속내까지 따져 보면 두루미 쪽이 훨씬 나쁘다. 여우는 모르고 했지만 두루미는 알고 했다. 여우는 생각이 짧아 실수를 한 것이지만 두루미는 잔머리를 한껏 굴려 복수를 한 것이다. 그런데도 우리는 여우와 두루미에게 똑같은 판정을 내리고 둘 다 '배려심'이 부족하다며 혀를 찬다. 실수로 친구의 발을 밟은 아이와 그에 대한 복수로 상대방의 발을 밟은 아이 모두를 "조심성 없다"라고 나무라는 격이다.

　서로 잘못한 것이니 그걸로 없던 셈 치자는 논리는 정말 위험하다. 어느 한쪽이 일방적으로 약자인 경우에는 더욱 그렇다. 예를 들어 교사와 학생의 관계를 생각해 보자. 교사가 학생의 인권을 침해하는 것은 맞지만, 요즘은 학생들도 교사의 인권을 침해한다고 말한다. 그러니 학생 인권을 얘기하려면 교사 인권을 함께 이야기해 줄 것이고, 그러지 않을 거면 그냥 비긴 걸로 치자고 말이다.

　수업을 엉망진창으로 만들어 버리는 소란스러운 학생들. 수업 시간 내내 잠만 자서 교사를 절망으로 몰아넣는 학생들. 이런 학생들이 뒤엉킨 교실은 충분히 상상할 수 있고, 또 교사인 나의 일상이기도 하다. 그런 학생들이 교사의 인권을 침해하는 것 아니냐는 물음이 터져 나오는 것도 이해는 간다. 하지만 학생들의 소란은 교사가 직무를 원활하게 수행하는 것을 어렵게 하는 장애 요소일 뿐 그 자체로 교사의 인권을 침해하지는 않는다. 애당초 교권이라는 것 자체가 어불성설이다. 교권은 교사의 권리인가? 아니다. 교사는 헌법과 국제 인권 규약이 부여하는 보편적인 인권을 보장받는 존재일 뿐이다. 교사이기에 특별히 보장받는 인권이란 없다. 그렇다면 교권은 가르칠 권리인가? 아니다. 배울 권리는 있어도 가르칠 권리란 없다. 교사는 학생들의 '배울 권리'를 실현해 주는 것을 고유의 책무로 가진 존재일 뿐이다.

체벌 전면 금지의 인권 조례가 통과된 지금까지도 교사가 학생을 때리는 것은 사랑의 매라는 이름으로 미화될 여지가 있지만, 학생이 교사를 때리면 당장 패륜으로 세상 사람들의 입에 오르내린다. 학생을 때렸다고 교사가 학교를 떠나는 일은 거의 없지만 교사에게 주먹을 휘두른 학생은 반드시 학교를 떠나야 한다. 100퍼센트, 예외란 없다.

교사가 학생의 인권을 침해하는 것도 맞지만 학생들도 교사의 인권을 침해한다고? 피장파장이라고? 하지만 세상 어느 교사가 자기 머리카락도 제 맘대로 못한단 말인가. 학생들은 모두 자기 머리카락 하나 제 맘대로 못하고 산다.

강요된 화해는 나쁘다

여우에게도 잘못은 있다. 여우의 진짜 잘못은 어설픈 화해를 시도한 것이다. 화해가 나쁘냐고? 어떤 경우, 화해는 나쁘다.

첫째, 화해할 이유가 없는 사이끼리 강요된 화해는 나쁘다. 화해를 무조건 좋게만 보는 것은 잘못이다. 사이좋을 이유가 없는 사이끼리 사이좋으라고 하는 것은 살짝 변장한 폭력이다.

여우와 두루미가 꼭 사이좋게 지내야 하는가? 여우와 두루미가 왜 같은 밥상에 둘러앉아 밥을 먹어야 하는가? 그렇게 상대방이 먹을 밥그릇 모양새까지 머리 아프게 따져 보지 않아도 기쁘고 편안한 마음으로 함께 밥을 먹을 수 있는 친구도 얼마든지 있을 터인데, 꼭 여우와 두루미가 친구가 되어야 할까?

학교에서는 종종 폭력 사건이 발생한다. 둘이 대등한 상태에서 주먹을 주고받은 경우도 있지만, 어떤 경우에는 한쪽이 상대방을 묵사발을 만들기도 한다. 맞은 아이는 코뼈가 내려앉고 이가 부러진다. 아이들 세계에서 일어나는 폭력이라고 해서 장난의 연장으로 보면 곤란하다. 정말 피가 튄다.

어른 사회에서 이 정도 폭력 사건이 발생하면 경찰이 출동하고 소송이 걸리고 난리도 아닐 텐데, 학교에서는 조금 다른 양상으로 해결되기도 한다. 어떤 경우에는 앞으로 사이좋게 지내라는 멋진 충고를 곁들여 결말이 나기도 한다. 가해자와 피해자는 나란히 같은 학교에 다닌다. 정말 화해가 이루어진 것일까? 평화가 찾아왔을까? 이들은 비 온 뒤에 땅이 굳어지듯 더 친한 사이가 될까? 당신이라면 별 시답지도 않은 이유로 주먹을 휘둘러 당신의 코뼈를 내려앉히고 이빨 몇 개를 부러뜨린 그자와 사이좋게 지내고 싶겠는가? 설사 그에 따른 위자료를 충분히 받았다 치더라도, 정말 사이좋게 지낼 수 있는가?

어른 사회에서도 화해의 강요는 나타난다. 예를 들어 직장 내 성희롱으로 상사를 고발한 여직원은 여지없이 화해의 압력에 시달릴 수밖에 없다. 주위 사람들은 그가 나쁜 짓을 한 것은 맞지만 앞으로도 얼굴 맞대고 지내야 하는 직장 상사이니 너그럽게 이해하고 화해하라고 한다. 가해자는 사과를 했다. 피해자는 어쩔 수 없이 이해하고 화해한다. 좋은 게 좋은 거 아니냐고, 좋게 넘어가자고 화해를 종용하던 주변 사람들은 다 잊을 수 있을지 몰라도, 피해자의 마음 한구석에는 깊은 상처가 남는다.

사과하면 다 해결되는가? 이것은 정말 화해일까? 마음의 상처는 아물지 않는다. 어느 한쪽의 일방적인 잘못으로, 그것도 용인할 수 없는 수준의 잘못으로 상처를 받았을 때 자신의 편에 서서 정의를 부르짖어 주지 않은 직장 동료들에 대한 실망, 끝까지 밀고 나가지 못한 스스로에 대한 좌절, 게다가 '알고 보니 독한 여자'라는 주변의 곱지 못한 시선……. 그는 이중으로 상처 받는다. 섣부른 화해가 가져오는 부작용이다.

화해를 통해 오히려 가해자는 당당해진다. 이미 그는 용서를 받았으니 고개를 숙일 필요가 없는 것이다. 결국 '네가 덤벼 봤자 그 정도지' 하는 생각에까지 이르면, 또 다른 누군가를 피해자로 만들어 내기도 한다.

이들은 사이좋게 지낼 이유가 없다. 폭력이 가져오는 나쁜 결말을 충분히 숙지하고 앞으로 폭력에 의존해서 문제를 풀지 않을 것을 마음에 새기는 일과 화해는 완전히 다른 차원의 문제이

다. 우리는 싫어할 이유가 충분한 누군가를 싫어할 권리가 있다. 용서하고 싶지 않은 누군가를 용서하지 않을 권리가 있다. 화해는 무조건 좋은 것이라는 우리의 관념이 때로 누군가의 가슴에 지울 수 없는 상처를 남기고 계속해서 문제를 유발시킨다. 모두와 사이좋게 지내겠다는 것은 얼마나 무모한 욕망인가. 또 모두와 사이좋게 지내라는 것은 얼마나 무리한 요구인가.

화해하지 말아야 하는 상황도 있다

둘째, 화해할 수 없는 상황, 화해하지 말아야 하는 상황에서 도모하는 화해는 나쁘다. 이럴 때 어설픈 제3의 길이 등장한다. 제3의 길을 걷는 사람은 중립을 표방하며 화해의 전령사가 된다.

예를 들어 보자. 학교에서 교원평가, 심야 보충수업 등의 현안으로 논쟁이 뜨거워지면 꼭 이런 말머리로 중재를 시도하는 이들이 있다. "저는 전교조도 교총도 아니지만……." 이 말머리는 무슨 뜻일까? 자신은 그 어느 쪽에도 치우친 자가 아니고, 고로 자신의 의견 역시 그 어느 쪽으로도 치우치지 않은 공평무사하고 공명정대한 의견이라는 것이렷다. 하지만 그는 중립을 자처하며 자신의 발언에 가치를 더하려고 수사학을 사용하고 있을 뿐이지 정말로 중립적인 것은 아니다. 잘 들어 보면 어느 쪽인가를 편들고 있다.

공자孔子와 제자가 나눈 대화를 보자. "마을 사람 모두가 좋은 사람이라고 생각하는 사람이 좋은 사람입니까?" "아니다." "마을 사람 모두가 나쁜 사람이라고 생각하는 사람이 좋은 사람입니까?" "아니다." "그렇다면 어떤 이가 좋은 사람입니까?" "좋은 사람이 좋아하고 나쁜 사람이 싫어하는 사람이 좋은 사람이다."

누구든 누군가의 편일 수밖에 없는 것이 우리의 삶이다. 그런데 여우 편도 아니고 두루미 편도 아닌 둘 모두가 행복할 수 있는 제3의 길이 존재한다고 믿는 이들의 정체는 무엇일까?

독립을 위해 상하이에서 폭탄을 던졌던 조선 청년 윤봉길은 일본 제국주의자들의 악몽이다. "근로기준법을 지켜라"라는 외침과 함께 분신을 하여 노동권 실종의 현실을 고발한 전태일을 어떤 자본가가 좋아할 수 있겠는가. 윤봉길과 전태일의 삶이 지금도 우리에게 큰 울림으로 다가올 수 있는 것은 그들이 화해를 모색한 것이 아니라 문제의 해결을 모색했기 때문이다.

소년은 왜 거짓말을 했을까

늑대와 양치기 소년

누구나 알고 있겠지만, 양치기 소년 이야기

우리 반 K는 오늘도 지각을 했다. 등교 시각은 8시 10분인데, 10시가 넘어서 "선생님, 제가 몸이 안 좋아서 병원에 들렀다 가느라 좀 늦을 것 같아요"라는 문자 하나 남겨 놓았다. 전화하면 절대로 안 받는다. 어서 와서 점심이라도 먹으라고 문자를 보내 놓는다. 여전히 안 온다. 대체로 5교시쯤 교실로 올라가면 그 아이를 만날 수 있다. 아이는 살짝 민망한 표정으로 웃으면서 아팠다고 한다. 때로 병원의 진료 확인서를 내밀기도 한다. 이런 일이 일주일에 한 번 꼴로 되풀이된다. 나는 안다. 그는 거짓말을 하고 있다. 학교에 못 올 정도로, 점심때가 지나서야 학교에 나올 수 있을 정도로 아프지 않다는 것을 나는 안다. 이럴 때 나는 어떻게 해야 하지? 늑대와 양치기 소년의 이야기를 생각했다.

아주 옛날 양치기 소년이 살고 있었다. 양치기 소년은 날마다 양들을 몰고 산으로 가서 양들이 풀을 뜯는 동안 곁을 지켰다. 늑대가 오나 감시하는 일이 소년의 중요한 임무였다. 양치기 소년은 너무나 심심했다. 그래서 어느 날 늑대도 오지 않았는데 "늑대다!" 하고 소리쳐 보았다. 이 소리를 들은 마을 사람들은 모두 손에 몽둥이를 들고 산으로 올라왔다가 소년이 거짓말을 했다는 것을 알고 투덜거리며 돌아갔다. 그러는 사람들의 모습이 너무나 재미있었다. 며칠 뒤 소년은 한 번 더 "늑대다!" 하고 소리쳤고, 마을 사람들이 몰려왔다가 되돌아가는 일이 되풀이되었다.

그런데 어느 날 정말 늑대들이 나타났다. 소년은 "늑대다! 늑대야! 정말로 늑대가 나타났어요" 하고 외쳤다. 하지만 마을 사람들은 "저 거짓말쟁이가 또 거짓말을 하는군. 이제 속지 말아야지" 하면서 아무도 산으로 올라가 보지 않았다. 늑대들은 양을 닥치는 대로 잡아먹었다.

어렸을 때 거짓말하면 안 된다는 교훈을 주기 위해 초등학교 교과서에도 실려 있던(지금도 실려 있을까?) 이 동화를 나는 참 무서워했다. 슬쩍슬쩍 거짓말도 잘 하고 엄마가 놓아둔 돈을 집어 만화 가게로 달려가곤 했던 "까만 나라 어린이"였던 나는, 스스로도 내가 "하얀 나라 어린이"가 아니라는 것을 알고 있기 때문이었다. 정말 아무도 내 말을 안 믿어 주고 거짓말쟁이라고 손가락질하면 어떻게 하지? 그러다가 늑대가 와서 나를 잡아먹으면 어떻게 하지?(동화에는 늑대가 잡아먹은 것이 양이라고 나와 있지만, 내게는 양이 한 마리도 없으니 분명 늑대가 나부터 잡아먹을 것이라는 생각이 들었다.) 어른이 된 나는 더 이상 늑대를 무서워하지는 않지만(대담해져서라기보다 내가 활보하는 지역에 늑대가 나타날 가능성이 없다는 것을 알기 때문에), 여전히 이 동화를 별로 좋아하지 않는다.

나는 웬만하면 믿어 준다

어른이 되고 교사가 된 나는 학생들의 거짓말에 웬만하면 다 속아 주는 것을 원칙으로 한다. 아니, 속아 주는 것이 아니라 그냥 믿는다. 학생들에게도 대놓고 말한다. 나는 너희들이 하는 말 원칙적으로 다 믿는다, 하고. 왜냐하면 내가 공연히 모자라는 머리를 굴려 거짓말을 적발해 내면서 살다가 그중 단 한 명이라도 정직하게 말한 것을 거짓말이라고 오해했을 때 생길 파장이 없어야 하겠기 때문이다.

거짓말 전과가 있다고 해서 지금 한 말이 거짓말이라는 직접적인 증거가 되는 것은 아니다. 그저 상황 증거, 혹은 심증일 뿐. 그러니 그저 전과를 현재의 진위를 판단하는 잣대로 삼는 것은 아주 위험한 일이다. 아이를 가르치는 교사나 자식을 키우는 어른은 위험에 처한 양치기 소년을 항상 생각해야 한다. 진실을 말했을 때 아무도 믿어 주지 않아 곤경에 처한 그 가엾은 소년을 말이다.

늑대가 나타났을 때 소년은 늑대가 나타났다고 말했다. 그것은 거짓말이 아니었다. 과거에 몇 번의 거짓말을 했건, 지금 늑대가 나타난 것은 거짓말 하나도 보태지 않은 진실이다. 그런데도 그는 과거의 거짓말 때문에 늑대의 위협 앞에 홀로 내던져지는 고통을 감수해야 했다. 거짓말로 피해를 입은 것은 소년만이 아니다. 소년이 돌보고 있던 양들이 소년의 것은 아니었을 것이다. 양을 치는 일은 엄청 험한 일이다. 영화 〈브로크백 마운틴〉에는 양 치는 노동의 힘겨움이 실감나게 묘사되어 있다. 그러니 많은 양들을 소유할 만큼 부유한 소년이었다면 홀로 양을 치는 어렵고 힘든 노동을 하지는 않았을 터이다. 그렇다면 소년이 돌보던 양은 마을 사람들 것이 아닐까. 재산에 큰 손실을 입은 마을 사람들은 소년에게 책임을 추궁하겠지만, 어쩌겠는가. 소년은 변제 능력이 없는 것을.

내 학생들 가운데 누군가에게 그런 일이 생기는 것을 막아야 하겠기에 나는 명백한 증거가 없는 한 무조건 믿는다. '무죄 추정의 원칙'(?)이라고나 할까? 그래서 엄청 속는다. 하지만 나는 이렇게 자위하고 있다. 어차피 내가 안 속으면 아이들은 제2, 제3의 방법을 개발하여 날 속여 먹을 것이다. 그러니 거짓말의 단수를 높이는 데 일조하기보다 그냥 속아 주자, 하고 만다. 적어도 선생님이 나를 믿어 주지 않아서 너무나 억울했다는 것보다는 낫지 않을까? 물론 진실과 거짓을 분명하게 판별할 수 있는 능력을 내가 가지고 있다면 좋겠지만, 별로 뛰어난 판단력을 가지지 못한 보통 선생인 나는 그렇게 한다는 것이다.

거짓말이 성공했다고 반드시 계속되는 것은 아니다

나의 속아 주기에 대해 주위에서는 걱정이 많다. 거짓말에 성공한 경험이 쌓이면 아이가 더 많은 거짓말을 하게 되고, 그것은 아이의 미래에 도움이 되지 않는다고. 하지만 그 문제에 대해서 나는 견해를 좀 달리한다. 나는 어려서 거짓말도 잘하고 못된 짓도 종종 저질렀다. 그리고 성공률도 매우 높은 편이었다. 하지만 어른이 된 지금은 별로 거짓말을 안 하게 되었다. 그렇다면 나는 이 동화의 힘 덕분에 "까만 나라 어린이"에서 "하얀 나라 어른"으로 성장한 것일까?

내가 "하얀 나라 어른"이 된 이유는 거짓말을 하는 것이 별로 쉬운 길이 아니라는 사실을 깨달았기 때문이다. 바른 대로 말하는 것은 그 자리에서는 불편해도 결국은 제일 쉬운 방법일 때가 많다. 거짓말하려면 그 순간에 머리를 굴려야 하고 이후에도 계속 앞뒤를 맞추기 위해 안 돌아가는 머리를 혹사해야 하는 상황이 이어진다. 거짓말이 생각보다 비용이 많이 드는 방식이라는 것을 깨닫고 난 뒤에는(대체로 거짓말의 비용을 치르면서 어른이 되니까, 어른이 되면 깨달을 수밖에 없다) 정직을 선택하게 된다. 그러니까 거짓말이 습관이 된다는 말이 100퍼센트 진실이라고 볼 수는 없다.

거짓말을 부르는 상황이 있다

아이들은 거짓말을 많이 한다. 그리고 거짓말을 부르는 것은 절박한 상황이다. 슬쩍슬쩍 거짓말을 해서 용돈을 충당하는 청소년에게는 거짓말이 필요하지만 내 월급을 내 마음대로(심지어 함께 사는 남자의 월급까지도) 처분할 수 있는 나는 거짓말이 필요 없다. 누구를 만나고 어떻게 여가 시간을 보내야 하는지 허락을 받아야 하는 청소년에게는 거짓말이 필요하지만 내 할 일 해놓고 나머지 시간에 무엇을 할지에 대해 누구의 허락도 필요 없는 성인은 거짓말이 필요 없다. 대한민국 청소년은 자기 마음대로 결정할 수 있는 것이 거의 없다. 자기 신체에 대한 결정도, 자기 시간에 대한 결정도, 사회가 정해 놓은 대로 해야 한다. 그런 심각한 권리 박탈 상태에서 자기 신체와 자기 시간에 대한 결정권을 회복하고자 하는 것은 인간의 본능이라고 할 수 있다. 거짓말은 돈이나 시간이 필요하지만 마음대로 어쩌지 못하는 청소년들이 선택하는 하나의 해결책인 것이다.

　어른이 되어서도 계속 거짓말을 하는 사람을 살펴보면 이 '절박함'이라는 것을 더 쉽게 이해할 수 있다. 배우자 이외에 다른 사람을 만나는 사람, 즉 바람을 피우는 사람은 계속해서 거짓말을 한다. 상황이 거짓말을 만들어 내는 것이다. 거짓말을 안 하고 정직해지는 순간, 자신을 둘러싼 가정의 평화는 산산조각이 난다. 이 거짓말을 끝내는 방법은 바람을 피우지 않는 길밖에 없다. 즉, 거짓말이 문제가 아니라 거짓말을 부르는 상황이 문제인 것이다. 거짓말을 해야 하는 절박한 상황에서 벗어나는 순간, 사람들은 거짓말을 멈춘다.

이 동화 속의 양치기 소년은 어린 나이에 양치기라는 힘든 노동에 투입되어 하루 종일 다른 사람들과 격리된 채 생활하는 삶을 강제 당하고 있다. 이것은 분명히 소년에 대한 학대가 마을 사람들의 묵인 아래 공공연히 일어나고 있다는 뜻이며, 그러므로 마을 사람들은 모두 소년의 인권을 침해하는 일에 동참하고 있는 셈이다.

"당사국은 휴식과 여가를 즐기고, 자신의 연령에 적합한 놀이와 오락 활동에 참여하며, 문화 생활과 예술에 자유롭게 참여할 수 있는 아동의 권리를 인정한다."

— 어린이 · 청소년의 권리에 관한 국제조약 31조 1항

"당사국은 경제적 착취 및 위험하거나, 아동의 교육에 방해되거나, 아동의 건강이나 신체적 · 지적 · 정신적 · 도덕적 또는 사회적 발전에 유해한 어떤 노동의 수행으로부터 보호받을 아동의 권리를 인정한다."

— 어린이 · 청소년의 권리에 관한 국제조약 32조 1항

소년이 너무도 외롭고 심심해서 일을 저지를 수밖에 없는 상황은 언급하지 않은 채 그저 소년의 '거짓말'만 문제 삼는 것은 제 눈의 들보는 보지 못하고 남의 눈의 티끌만 나무라는 처사가 아니겠는가.

카펫 생산 노동에 시달리던 파키스탄 어린이가 그 노동으로부터 벗어나기 위해 거짓말을 좀 했다고 해서 그 어린이를 나무라는 사람이 있어서는 안 되는 것과 같은 이치이다. 어려운 환경에서도 원칙과 도덕을 지켜 나가라고, 그런 비장한 삶을 어린이에게 강요하는 것은 또 다른 차원의 폭력이라고 나는 생각한다.

우리 반 K를 생각해 보자. 그 아이도 절박한 상황에 처해 있을지 모른다. 밤늦게까지 알바를 하느라 너무 피곤해서 아침에 일어나지 못했을 수도 있고(청소년 알바가 전부 유흥비를 위해서라고 속단해서는 안 된다. 그는 생활비를 벌고 있을 수도 있다. 그리고 18세 소년에게는 유흥비도 절실한 필요 비용이 되기도 한다), 밤새도록 인터넷으로 게임을 하며 자신의 시간을 망치고 있어도 이를 말려 줄 지각 있는 어른이 없어 늦잠을 잤을 수도 있다. 그 어떤 경우이건 절박한 상황이다. 그 아이는 18세 소년이 마땅히 받아야 할 '적절한 보호'가 부족한 상태인 것이다.

또는 마음이 아픈 것일 수도 있다. 우리도 그럴 때가 있지 않은가. 만사가 귀찮고 아무것도 하기 싫은 그런 때가. 어떤 경우에는 그런 상황이 몇 년이나 계속되기도 하지 않던가. 이것도 절박한 상황이다. K가 놓여 있는 절박한 상황을 살피지 않고 그의 거짓말만을 탓하는 것은 옳지 않다.

때때로 거짓말도 쓸모 있을 때가 있다

아이들이 형편없는 성적에도 불구하고 "서연고서성한"(누구나

들어가고 싶어 하고, 이름만 들으면 다 아는 그 대학들의 머리글자를 서열에 따라 읊으면 이렇게 된다)을 이야기할 때, 지금이라도 노력하면 되겠냐고 물어올 때, 나는 갈등에 빠진다. 그 성적에는 턱도 없는 일이고, 지금부터 죽어라 노력한다고 해도 기적이 일어나지 않는 이상 실현되지 못할 꿈이라는 이야기를 해주어야 할까, 아니면 그대로 희망을 갖고 살아갈 수 있도록 입을 다물어야 하나, 고민이 아닐 수 없다. 당신이라면 어떻게 할 것인가. 나는 입을 다무는 쪽을 택한다. 일종의 거짓말인 셈이다. 기적 같은 일이 때로 일어나기도 하는 것이 세상살이이고(좀처럼 일어나지 않으니 기적이라 하지만), 희망을 품은 아이가 노력을 멈추지 않으면 목표치의 근처라도 도달하지 않을까 하는 기대가 있기 때문이기도 하다. 그래서 나는 이렇게 말한다. "네가 그렇게 애쓰는데 좋은 결과가 있지 않겠니?"

정직이 때로 배려 없는 행동이 되기도 한다. 대학 다닐 때 나는 술을 꽤 먹고 다녔는데, 술 먹고 늦게 들어와서 "왜 늦었냐"고 묻는 가족에게 "술 마시다 늦었다"라고 '정직'하게 대답하여 "너는 듣는 사람들을 위해 거짓말하는 성의도 없느냐"는 핀잔을 누차 듣기도 하였다. 정직하게 대답했던 그 순간의 나에게는 가족들을 안심시켜 주는 성의가 없었던 것이다. 그냥 귀찮아서 바른대로 말하는 것. 이것이 정말 미덕일까?

독일의 저널리스트 위르겐 슈미더는 『왜 우리는 끊임없이 거짓말을 할까?』(웅진지식하우스, 2011)에서 '오직 진실만을 말하는 40일간의 유쾌하고 기발한 도전'을 들려준다. 무슨 소리인지 감이 안 잡힌다면 영화 〈라이어 라이어〉에서 거짓말을 못 하게 된 짐 캐리가 속마음을 그대로 내뱉다가 어떤 곤경에 처했는지를 생각해 보면 된다. 슈미터의 진실 실천은 주변 사람들과의 다툼을 불러일으켰고, 상당한 금전적 손해로 이어졌으며 심지어 아내와는 파경 위기를 맞고 침대에서 쫓겨나 소파에서 잠을 자기도 했다.

그러니까 몸이 아파서 병원에 다녀오느라고 늦었다고 말하는 우리 반 K는 어쩌면 상황을 모면하기 위해서가 아니라 담임 선생님을 위해 거짓말을 하고 있는 것인지도 모른다. 대놓고 늦잠 자느라 늦었다고 정직하게 말하면 저나 나나 서로 간에 얼마나 민망할까!

슈미터가 『왜 우리는 끊임없이 거짓말을 할까?』에서 하고자 하는 얘기는 거짓말이 나쁘지 않다는 게 아니다. 그는 정직의 힘을 재발견하고, '공손한 정직'을 실천하기로 마음먹는다. "나는 사람들에게 공손하게 진실을 말하려 노력할 것이다. 꼭 거짓말이 필요한 경우엔 상대에 대한 배려를 철칙으로 삼을 것이다." 좋다. 하지만 이것은 자기 운명과 시간에 대해 선택하고 결정할 힘을 온전히 본인이 가지고 있는 사람에게 요구해야 할 도덕률 아닐까?

거짓말 안 하는 나는 양치기 소년에 비해 선한가? K에 비해 도덕적으로 우위에 있는가? 나는 거짓말을 해서라도 탈출하고픈 현실이 없었을 뿐이다. 힘든 노동과 외로움에 지친 절박한 현실이. 타인에 대한 배려 없이 정직한 나와, 절박해서 거짓말을 한 소년 가운데 누구를 용인해야 할 것인가?

왜 우리는 아이들의 거짓말에 이토록 민감한가

사람은 누구나 거짓말을 한다. 어떤 통계에 따르면 사람이 잠을 자는 여덟 시간을 제외하면 한 시간에 12.5회, 즉 4.8분에 한 번 꼴로 거짓말을 한다고 한다. 좋지도 않으면서 "좋은 아침!" 한다든지, 직장 동료의 바뀐 헤어스타일이 영 아니라고 생각하면서도 "더 젊어 보이네요"라고 하는 것과 같은 착하고 사소한 거짓말까지도 포함해서 말이다. 이런 정의라면 거짓말은 우리 사회의 윤활유 같은 역할을 하고 있는 것이다.

그런데 내 아이가 처음으로 거짓말을 했을 때, 정확하게는 아이가 거짓말을 한다는 것을 처음으로 알게 되었을 때, 내가 어린 시절 했던 수많은 거짓말에 대한 기억은 자취도 없이 사라졌다. 학생들의 거짓말을 웬만하면 믿어 주던 이해심 많던 교사도 사라졌다. 나는 하늘이 무너지는 절망을 맛보았다. 나는 슬퍼했고, 흥분했고, 공포에 사로잡혔다. 내 아이가 앞으로도 계속해서 나를 속이면 어떻게 하지?

아이가 거짓말을 하는 것은 어른들과 공유하기 싫은, 혹은 공유할 수 없는 자기 세계와 자기 생활을 갖게 되었다는 뜻이다. 그렇다. 이때 나를 사로잡은 공포의 원천은 바로 그것이었다. 이제 아이가 내 손을 벗어나고 있다는 것. 이것이 아이들의 거짓말에 우리가 유난히 호들갑스럽게 반응하는 이유일 것이다. 이 점을 생각하면 어른들이 아이들의 거짓말에 대해, 부모가 자식의 거짓말에 대해, 교사가 학생의 거짓말에 대해 왜 그렇게 민감하게 불편해하는지를 역으로 추적할 수 있다.

아이들이 내 손을 벗어나고 내 통제에서 벗어날지도 모른다는 두려움이 없다면 거짓말은 때로 즐겁기까지 하다. 우리는 만우절이라는, 거짓말을 재미 삼아 하는 날까지 정해 놓았다. 학교에서는 여전히 만우절 거짓말이 횡행한다. 아이들이 나를 속여 주지 않으면 오히려 섭섭해진다. 내가 그렇게 융통성 없는 사람으로 보였나 싶어 공연히 마음 한구석이 불편하기까지 하다.

나랑 같은 교무실에 근무하는 한 선생님은 졸업생으로부터 주스를 선물받았는데, 알고 보니 모두 빈 병이었다. 왁자하게 웃으면서 내심 많은 이들이 그 선생님을 부러워했다. 졸업생까지 거짓말로 즐겁게 해주고 싶어 하는 교사라니, 어찌 부럽지 않겠는가. 만우절 거짓말로 모두가 즐겁다. 왜일까? 이날은 속이는 날이라 속이는 것을 모두 알고 있기 때문 아니겠는가. 학생들이 내게 거짓말을 했다고 해도 그것은 절대적으로 선의라는 것을 알고 있기 때문 아니겠는가.

늑대와 양치기 소년 이야기 속의 진짜 거짓말

늑대와 양치기 소년 이야기에는 중요한 거짓말이 숨어 있다. 늑대는 정말 양을 닥치는 대로 잡아먹을까? 나의 얄팍한 과학 상식에 의하면 야생동물은 자기가 먹을 몫 이상은 절대로 사냥하지 않는다. 한 마리의 늑대가 한 번에 먹을 수 있는 양은 얼마나 될까? 나의 상식은 아마도 늑대가 양 몇 마리를 물고 서둘러 사라져 버렸을 것이라고 외친다. 위험을 과대 포장하여 공포감을 조성하는 방식은 우리 군사 독재 시절이나 요즘의 미국 정부랑 정말 닮았다.

나는 이 얘기가 공포감을 조성하여 아이들이 말을 잘 듣게 하려는 어른들과 백성들이 말을 잘 듣게 하려는 치자治者들에 의해 사랑받았으리라는 데에 과감히 베팅한다.

사람이 된 피노키오는 행복했을까

피노키오

사람이 되고 난 후에는?

우리는 사람이 아닌 다른 존재가 사람이 되는 이야기를 즐겨왔
다. 쑥과 마늘만을 먹는 인고의 나날을 견뎌 내자 곰은 사람이
되었다. 피그말리온의 지극한 사랑은 돌덩이 조각상이 진짜 사
람이 되는 기적으로 연결된다. 카를로 콜로디는 나무 인형이 사
람이 되는 이야기를 만들어 냈다. 그 기적의 나무 인형 이름은
피노키오. 곰이 사람이 되고, 돌덩이가 사람이 되고, 나무 인형
이 사람이 되다니! 곰이 사람이 된 이야기는 건국 설화가 되었
고, 돌덩이 조각상이 사람이 된 이야기는 그리스 신화가 되었
다. 그리고 카를로 콜로디의 피노키오는 세대와 지역을 넘어 수
많은 이들에게 사랑받는 이야기로 자리 잡았다. 우리는 이들의
이야기에 매혹된다. 하지만 이야기 속 주인공, 사람이 된 그들

은 행복했을까?

환웅과 결혼한 웅녀는 행복했을까? 곰이었을 때 열망하던 사람들의 삶이 정말 상상하던 그대로였을까? 환웅은 수많은 후궁들을 거느리느라 웅녀를 영영 잊어버리지 않았을까? 곰 출신 주제에 사람과 맞먹으려 한다고 차별받으며 가슴앓이를 하지는 않았을까? 피그말리온의 조각상은 사람이 되어 행복했을까? 피그말리온은 조각상을 사랑했지만 조각상도 피그말리온을 사랑했을까? 피그말리온 덕분에 사람이 되었으니 어쩔 수 없이 그의 사랑을 받아 주어야 하는 처지는 아니었을까? 그리고, 사람이 된 피노키오는 행복했을까?

착한 아이가 되려면 학교에 가야 한다

곰이 사람이 되게 한 비결은 쑥과 마늘로 보내는 100일의 고행이었다. 그렇다면 꼭두각시 나무 인형이 사람으로 변신할 수 있었던 비결은 무엇이었을까? 피노키오가 착한 아이가 되었기 때문이다. 그렇다면 어떤 아이가 착한 아이일까? 이 이야기 속에서는 두 가지로 압축된다. 첫째, 부모님 말을 잘 들을 것. 둘째, 학교를 잘 다닐 것. 그런데 부모님이 착한 아이에게 요구하는 것은 학교를 잘 다니는 것이므로 착한 아이의 비결은 하나로 압축된다. 학교를 잘 다니면 되는 것이다!

가난한 제페토는 돈이 없어 하나밖에 없는 외투를 팔아 피노키오의 책을 살 정도로 피노키오 학교 보내기에 헌신적이다. 요정도 틈틈이 등장해서 피노키오에게 학교의 중요성을 설파한다. 피노키오를 읽는 동안 여러 가지 궁금증들이 쉴 새 없이 고개를 들었지만, 가장 큰 궁금증은 왜 제페토 할아버지(할아버지이지만 피노키오의 '아빠'이기도 하다)와 엄마 요정(요정이지만 엄마 노릇을 한다는 의미이고, 다 알다시피 제페토와 요정은 결혼한 사이가 아니다)은 그렇게 기를 쓰고 피노키오를 학교에 보내려 했을까, 하는 것이었다.

카를로 콜로디가 『피노키오』를 발표한 19세기 말은 근대적인 학교가 성립되고 확대되던 시기였다. 산업 혁명으로 사회가 밑바닥부터 재편되면서, 농사를 짓던 사람들은 이제 공장에서 노동자로 일하게 되었다. 농사일은 아버지를 따라 밭에 나가 일하면서 전수되지만, 공장 일은 그런 식으로 배울 수 없었다. 공장주들은 기본적으로 읽고 쓰고 셈하기를 할 수 있는 일꾼들을 원했다. 노동자의 자녀에게 읽고 쓰고 셈하기를 가르쳐 내일의 노동자로 준비시킬 제도가 필요하다는 사회적 요청에 따라 생겨난 것이 근대적인 학교였던 것이다. 더욱이 학교는 부모가 공장에서 일하는 동안 아이들이 사고를 치거나 딴짓을 하지 못하도록 감시하기 위한 기관으로서도 역할을 할 수 있었다. 일석이조인 셈이다.

그런데 처음의 기대를 뛰어넘어 학교는 산업 사회에 딱 맞는 노동자를 양성하는 데 더 결정적인 역할을 해냈다. 학교는 읽고 쓰고 셈하기보다 더 중요한 것을 내일의 노동자에게 가르쳤다. 정해진 시간표에 따라 일제히 공부하고 일제히 쉬기. 자신이 하고 있는 공부가 아무리 지루하더라도 참고 견디기. 선생님이 말씀하시면 아무 말 없이 무조건 경청하기. 시키면 시키는 대로 하기. 이 모든 것은 공장에서 일하는 노동자들에게 공장주가 바라는 필수적인 덕목 아니던가. 그러니 학교에 다닐 것. 아무리 싫어도 참고 다닐 것. 이것은 시대적 요구였던 셈이다. 부모들이여, 그대의 자녀를 직업을 갖고 돈을 벌 수 있는 사람으로 키우고 싶은가? 그렇다면 학교에 보내라!

산업 사회의 도래와 함께 등장한 근대적 학교는 산업 사회에 보다 잘 적응할 수 있는 인간을 키우는 데 온 관심을 집중한다. 교육 역시 산업화의 강력한 동력에 의해 급속히 기계화된 대량 생산의 길을 걷게 된다. 규격에 맞는 전문가들이 제도적으로 인정된 기관에서 가르치는 것을 규격대로 배워야 사회는 배움을 인정한다. 100년 전만 해도 자연스러웠던 삶과 교육의 결합은 근대적인 형식에 맞지 않다는 이유로 배격된다. 학생들은 정해진 시각에 등교해서 정해진 자리에 앉아 정해진 공부를 한다.

이렇게 제도화된 학교 교육은 배움의 과정 자체를 표준화하면서 학교에서 획득한 지식만을 가치 있는 것으로 믿게 만드는 힘을 발휘한다. 이때 학교에서 가르치는 지식은 산업 사회가 요구하는 가치를 반영한 것이다. 전통 사회에서 가치 있었던 많은 것들은 미신적이고 비합리적이라는 이유로 우리 삶에서 밀려난다. 소득 수준이 삶의 질을 규정한다고 믿게 되고, 빠른 속도가 인간에게 시간을 벌어 준다고 믿게 된다. 다양성은 표준화로 대체되고 과정보다는 결과가 중시된다. 같은 나이의 수많은 아이들을 한 장소에 모아 놓고 동일한 시간에 동일한 활동을 하도록 하는 기형적인 일이 가능하도록 만들기 위해서는 피할 수 없는 선택이다. 게다가 합리성을 강조하고 표준화를 추구하는 일은 장차 그 아이들이 자라서 일하게 될 직장에서도 꼭 필요한 규범이기 때문에 학교를 통해 교육을 제도화하는 일을 머뭇거릴 이유는 없다. (적어도 이 100년도 안 된 시스템이 보편적인 것이라고 믿는 이들에게는 말이다.) 게다가 21세기에 들어선 한국 사회에서는 학교를 넘어서 수많은 학원들이 이 시스템을 뒷받침하고 때로는 선도하고 있다. 이제 아이들은 제도화된 가르침 이외에 다른 것을 진정으로 배울 시간이 전혀 없다.

학교는 온전한 자기 삶의 주인이 되는 데 필요한 것보다는 사회가 필요로 하는 것을 가르친다. 이것은 정해진 시각에 출근해서 정해진 자리에서 정해진 일을 하는 산업 사회의 일터 모습과 놀랍도록 닮았다. 이때 사람들이 하는 일은 자신의 필요를 충족하기 위한 것이 아니라 사회적 필요를 충족하기 위한 것이다. 신발 공장에서 일하는 노동자는 일생 동안 수천만 켤레의 신발 부속을 만들어 내지만, 어떤 사람도 살면서 수천만 켤레의 신발을 필요로 하지는 않는다.

피노키오는 학교가 싫다

피노키오는 처음부터 학교를 싫어했다. 피노키오는 방금 태어났고(나무 인형으로) 학교에 가 본 적도 없는데 어떻게 학교를 싫어하게 되었는지는 알 수 없지만, 어쨌든.

학교에 가기 싫어하는 피노키오 vs. 학교에 보내려는 제페토 (아빠). 아빠는 피노키오를 학교에 보내기 위해 하나밖에 없는 외투를 팔아서 책을 사오지만 피노키오는 첫 등굣길에 책을 팔아 유랑극단의 공연을 보러 간다. 그 뒤로 이어지는 피노키오의 숱한 고난 이야기는 우리 모두 잘 알고 있다. 납치되고, 팔려 가고, 당나귀가 되어 죽도록 일하고, 고래 뱃속에서 죽을 고비를 넘긴다. 정말 집을 떠난 아이들에게는 무서운 일이 생긴다.

피노키오는 왜 학교를 싫어했을까? 피노키오의 입을 통해 들어 보자. 피노키오가 학교에 가라고 충고하는 귀뚜라미에게 뭐라고 하는지 보라.

"부모님 말을 듣지 않고 집을 떠난 아이들에게는 무서운 일이 생기는 거야! 이 세상 어느 곳도 결코 안전하지 않거든. 집을 떠나자마자 곧바로 무척 후회하게 될 거야."
"계속 지껄여 보렴, 귀뚜라미야. 하지만 난 내일 새벽 이곳을 떠날 거야. 왜냐하면 여기 계속 머물면 다른 아이들에게 일어나는 모든 일들이 나에게도 생기게 될 테니까 말이야. 불행하게도 어른들은 나를 학교에 보내겠지. 내가 좋아하든 말든 공부를 해야 할 거야. 솔직하게 말하자면 공부하고 싶은 생각은 조금도 없어. 난 나비를 잡으러 다니거나 새의 둥지를 뒤지러 나무에 올라가는 일이 훨씬 더 즐겁단 말이야."

— 카를로 콜로디, 『원작으로 새롭게 읽는 피노키오』, 돌을새김, 2004, 30쪽

나비를 잡으러 다니거나 새의 둥지를 뒤지러 나무에 올라가는 것같이 공부보다 훨씬 더 즐거운 일이 세상에 널렸는데, 학교에 가라니! 피노키오 입장에서 생각해 보면 정말 말도 안 되는 소리일 것이다.

『마사이 전사 레마솔라이』(조지프 레마솔라이 레쿠톤, 황소자리, 2009)라는 책을 보면 마사이 족 소년 레마솔라이가 학교 교육을 받는 과정이 나온다. 레마솔라이는 당시 케냐 정부가 추진한 '한 가족 한 아이 학교 보내기' 정책에 따라 학교에 들어가게 된다. 책은 학교 교육이 가난과 무지로 점철된 레마솔라이의 삶을 어떻게 바람직하게 바꾸어 놓았는가를 보여 주고 있지만, 나의 관심을 끈 것은 레마솔라이가 아니라 그의 형이었다. 원래는 장남인 큰형이 학교에 들어가야 하지만, 레마솔라이의 큰형은 "학교에 가는 것은 사자와 홀로 맞서 싸우는 것보다도 더 무서운 일"이라며 거부하는 바람에 대신 동생인 레마솔라이가 학교에 가게 된 것이다. 근대화의 시스템을 경험해 보지 않은 채 수렵과 이동을 근간으로 살아가는 마사이 족 소년에게 하루 종일 건물 안에 갇혀서 글자와 셈을 배우는 것은 사자와 홀로 맞서 싸우는 것보다 두려운 일이었다는 점을 진지하게 들여다볼 필요가 있다. 학교에 대한 피노키오의 두려움, 거부감도 이와 같으리라.

학교에 간 피노키오가 친구들과 싸웠을 때, 그 친구 녀석이 피노키오에게 던진 치명적인 무기가 무엇이었는지 아는가. '책의 등 부분과 모서리 부분에 양피지를 대고 두꺼운 마분지로 장정한 두꺼운 책, 바로 수학책'이었다. 조준이 빗나가 피노키오 대신 엉뚱한 아이가 그 책에 머리를 맞게 되는데, 수학책에 얻어맞은 아이는 "엄마, 나 좀 살려 주세요… 나 죽어요!" 하며 길게 뻗어 버린다. 내가 이 글을 쓰고 있는 오늘 밤에도 수학이 자신의 삶에 어떤 의미가 있는지 전혀 알지 못한 채 죽어라 수학 문제집을 들여다보고 있는 아이들이 얼마나 많을 것인가. 그들 중 대다수가 두껍고 딱딱한 수학책에 머리를 얻어맞은 기분일 것이다. "살려 주세요, 나 죽어요!" 비명이라도 지르고 싶겠지.

학교에서 피노키오는 무엇을 배웠나

피노키오가 학교에 가기는 갔지만 아주 짧은 동안이었다. 그것도 싸움질만 하다가 끝났다. 아이들에게 괴롭힘을 당하던 피노키오는 자기를 괴롭히는 아이들을 팔꿈치로 때리고 발로 걷어차고 나서야 '존경과 호감'을 얻으면서 무리 속에 끼어드는 것을 허락받는다. 아이들을 때리고 걷어차는 것은 전혀 피노키오답지 않은 행동이었다. 피노키오는 학교에 가기 싫어하고 꼬임에 잘 빠지고 재미있는 놀 거리를 찾아 끝없이 방황하기는 하지만 그렇다고 해서 다른 사람에게 폭력을 행사하는 유형은 아니기 때문이다. 피노키오가 때리고 걷어차는 것을 배운 곳이 학교라는 사실은 매우 흥미롭다.

자연스럽게 형성된 어떤 집단도 같은 나이의 사람들만으로 구성되는 법은 없다. 늙은 사람과 젊은 사람, 어른과 아이, 큰 아이와 작은 아이가 뒤섞여 사회가 형성되는 것이 자연스러운 일이다. 그런데 근대적인 학교는 아이들의 배움을 학년이라는 등급으로 나누고, 같은 나이의 아이들로만 학급을 구성한다. 다양한 연령대의 사람들이 섞여 있는 집단에서는 연령에 따라 자연스럽게 서열이 결정되겠지만, 같은 연령으로 구성된 집단에서는 서열을 결정할 새로운 기준을 필요로 한다. 아이들 사이에 힘겨루기가 나타나는 것은 자연스러운 귀결이다. 학교에 다니면서 아이들은 욕을 하고 주먹을 휘두른다. 공격하지 않으면 공격당한다. 먼저 괴롭히지 않으면 괴롭힘을 당한다.

시골에서 자란 내 친구는 이런 말을 했다. "어렸을 때 나는 아주 유능한 사람이었는데 공부를 계속할수록 점점 더 무능해진 것 같아." 온 국민이 부러워하는 일류 대학을 나온 사람이 할 소리는 아닌 것 같았다. 이유를 물어보니 이렇다. 그는 어렸을 때 부모를 도와 소도 돌보고(주로 남자아이들이 그 일을 했지만, 그는 유능한 소녀였기 때문에 소를 돌보는 일을 했다고 한다) 나물을 캐서 시장에 내다 팔아 살림에도 보탰다. 겨울에는 뜨개질로 자기 속바지도 떠 입고 동생 장갑도 떠 주었다. 밭일도 어른처럼 야무지게 잘해서 동네에 칭찬이 자자했다. 그런데 대학 공부를 마치고 대학에서 배운 것을 가지고 밥벌이를 하며 십수 년 세월을 보내자 할 수 있는 것은 딱 밥벌이를 위해 배운 그것밖에는 남지 않았단다.

헬레나 노르베리 호지는 라다크가 서구화되는 과정을 성찰하면서 학교 교육에 대해 다음과 같이 말했다.

오늘날 세계의 구석구석에서 '교육'이라고 불리는 과정은 똑같은 가정과 똑같은 유럽 중심의 모델에 기초를 두고 있다. 보편적인 지식이라는 동떨어진 사실과 수치에 초점이 맞추어져 있다. 책들은 지구 전체에 적합한 것으로 의도된 정보를 전파한다. 그러나 구체적인 생태계나 문화와는 동떨어진 종류의 지식만이 보편적으로 적용될 수 있는 것이므로 아이들이 배우는 것은 본질적으로 합성된 것이고 살아있는 맥락에서 유리된 것이다. 그들이 계속해서 고등교육을 받으면 아마도 집을 짓는 것에 대해 배울 것이다. 그러나 그 집은 콘크리트와 철근으로 만들어진 보편적인 상자일 것이다. 마찬가지로 그들이 공업을 공부한다면 산업농에 대해 배울 것이다. 화학비료와 살충제, 대규모 기계류와 교배종 씨앗 등에 대해서 배우게 될 것이다. 서구의 교육 체계는 온 세계의 사람들에게 그들 자신의 환경에서 나오는 자원을 무시하고 똑같은 자원을 사용하도록 가르침으로써 우리 모두를 더 빈곤하게 만들고 있다.

— 헬레나 노르베리 호지, 『오래된 미래』, 녹색평론사, 1996, 118~119쪽

정말, 피노키오는 학교에 다니면서 무엇을 배웠을까?

피노키오는 어떻게 사람이 되었나

피노키오가 사람이 되어 맞는 첫 번째 아침은 피노키오 이야기의 맨 마지막 장면이기도 하다. 잠에서 깨어난 피노키오는 모든 것이 변했다는 것을 알았다. 집은 말끔하게 새 단장이 되었고

옷과 장화, 모자도 새것으로 준비되어 있다. 하지만 가장 큰 변화는 자신에게 일어나 있었다. 사람이 된 것이다!

> 피노키오는 자신의 모습을 거울에 비춰 보았는데, 마치 다른 사람 같았다. 거울에 비친 피노키오는 더 이상 예전의 꼭두각시 인형이 아니었다. 대신 거울 속에는 활기 있고 총명한 잘생긴 소년의 모습이 보였다. 밤색 머리에 밝은 하늘색 눈을 가진 소년은 축제날처럼 들떠서 행복해 보였다.
>
> — 카를로 콜로디, 『원작으로 새롭게 읽는 피노키오』, 돋을새김, 2004, 254쪽

학교를 싫어하던 피노키오는 대관절 어떻게 해서 착한 아이, 즉 사람이 될 수 있었을까? 사실 피노키오를 아무리 읽어 보아도 피노키오가 개과천선해서 진득하니 학교를 다녔다는 얘기는 찾아볼 수가 없다. 자신을 착한 아이로 만들어 준 것은 노동이었다. 자신의 뒤치다꺼리를 하다가 병들어 버린 제페토 때문에 마음을 고쳐먹은 피노키오는 아침에는 양수기 돌리는 일을 하고 여러 종류의 갈대 바구니를 만들어 팔았다. 하루 종일 일한 뒤 밤에는 혼자 힘으로 공부를 했다.

피노키오는 학교 가기 싫어하는 것만큼이나 일하는 것도 싫어했다. 일하는 게 너무 싫어서 직업도 갖기 싫다며 엄마 요정에게 투정을 부리곤 했다. 그런 피노키오가 제페토를 부양하기 위해 기꺼이 노동에 뛰어든 것이다. 그리고 그 덕분에 피노키오는 사람이 될 수 있었다. "열심히 일한 당신, 사람이 되어라!"

제페토는 그렇게 학교에 가라고 등 떠밀던 피노키오가 학교에는 안 가고 죽어라 돈만 벌고 있는데, 그런 피노키오를 착한 아이라 한다. 요정은 피노키오를 사람으로 변하게 해주기까지 한다. 여기서 눈치챘는가? 근대식 학교 제도 속에서 학교에 다녀야 하는 이유를 피노키오처럼 명백하게 보여 주는 얘기가 또 어디에 있겠는가. 사람이 되고 싶은가? 그렇다면 학교에 가라. 학교를 나온 뒤 일을 해라. 학교에 가기 싫다면? 지금부터 당장 일을 해라. 피노키오는 학교에 다니는 대신 열심히 일을 하고 있으니 이미 착한 아이의 조건을 갖춘 셈이다.

엄마 요정은 착해지기 전, 그러니까 학교도 다니기 싫어하고 일도 하기 싫어하는 피노키오에게 이렇게 말한 바 있다.

"얘야, 그렇게 말하는 사람들은 결국 감옥이나 병원에서 삶을 마치게 되는 거란다. 네게 분명히 말하지만, 가난한 사람이든 부자이든 이 세상 사람들은 부지런히 무언가를 해야만 하는 거야. 게으름에 빠져 버린 사람들은 아주 불행한 거야! 게으름은 아주 무서운 병이야. 어렸을 때 빨리 치료를 해야 해. 그러지 않으면 어른이 되었을 때는 정말 고칠 수가 없단다."
— 카를로 콜로디, 『원작으로 새롭게 읽는 피노키오』, 돌을새김, 2004, 149쪽

게으름이라는 무서운 병을 고쳤으니 피노키오는 운이 좋은 걸까? 다리가 불에 타 버리기도 하고, 당나귀가 되어 강제 노동에 시달리기도 하고 고래 뱃속에서 죽을 고비를 넘기기도 하면

서 온 힘을 다해 학교와 노동이라는 근대 사회의 요구에 저항해 보았지만, 결국은 '착한 아이'가 되어 사람이 된 피노키오.

피노키오는 사람이 되어 행복했을까?

튼튼한 집만 좋은 집일까

아기 돼지 삼형제

서양적인 것만은 포기 못 해!

학생들이 조퇴를 하겠다고 찾아오는 이유는 대개 세 가지 정도이다. 복통, 두통, 그리고 눈병. 눈병이라니 좀 의외인가? 최근 렌즈 때문에 눈병 환자가 많이 늘었다. 많은 아가씨들이 컬러 렌즈, 서클 렌즈를 낀다. 예전에는 눈동자 색깔이 개인을 식별하는 중요한 단서가 되었지만, 과학 기술이 발달한 덕분에 누구든 원하는 색깔의 눈동자를 손쉽게 가질 수 있게 되었다. 렌즈만 갈아 끼우면 되는 것이다. 크고 또렷한 눈동자를 갖기 위해, 그리고 몽골 인종의 검고 단조로운 눈동자 색깔로부터 벗어나 회색, 푸른색, 호박색 눈동자를 갖기 위해. 십 년 전만 해도 첩보 영화에서나 등장할 만한 변신이 매일의 일상 속에서 실현되고 있다.

고등학교에 다니는 '어린 아가씨'들도 열성적으로 렌즈를 착용한다. 하지만 어린 아가씨들의 지갑은 얇다. 이들은 자신의 경제력에 맞추어 싸구려 렌즈를 선택하는데, 그런 렌즈는 끊임없이 눈병을 부른다. 게다가 어린 아가씨들의 우정은 실로 대담해서 친한 친구가 원하면 렌즈도 빌려 준다. 친구의 중요한 날에 '필승의 패션'을 완성하기 위해 렌즈를 빌려 주는 것도 우정인 것이다. 학교의 지저분한 화장실에서, 혹은 먼지 낀 교실에서 비위생적으로 오고 가는 렌즈 덕분에 눈병의 기세는 대단하다.

어린 아가씨들은 눈이 벌게지고 눈물이 줄줄 흐르는 채로 교무실에 찾아와 조퇴를 시켜 달라고 한다. 내가 보기에도 긴급 상황이다. 그런데 가장 놀라운 것은 그 순간에도 아이들은 컬러 렌즈를 눈에서 빼지 않는다는 점이다. 그 고통스러운 상황에서도 렌즈를 포기할 수 없는 어린 아가씨들을 보면 내 마음속에서 눈물이 난다. 마음 깊은 곳까지 침투해 우리의 삶을 쥐고 흔드는 서양적인 것들이 떠올라서이다.

흰 피부의 백인 얼굴을 갖고 싶어 끊임없이 성형 수술을 했던 마이클 잭슨이 떠오른다. 그는 누구도 부정할 수 없는 천재적인 음악가였다. 전 세계가 그의 재능을 부러워하는데 그는 고작 흰 피부에 목을 맨다. 성공한 천재도 그와 같은데 우리 같은 보통 것들이 말해 무엇하랴. 서양인처럼 긴 다리를 갖고 싶고, 서양인처럼 금발 머리를 갖고 싶고, 서양인처럼 크고 푸른 눈동자를 가지고 싶다. 그것을 위해서라면 웬만한 고통은 참을 수 있다. 누가 우리를 이렇게 만들었을까?

아기 돼지 삼형제의 교훈

눈물이 줄줄 흐르는 어린 아가씨들의 눈에 굳건히 자리 잡은 컬러 렌즈를 보면「아기 돼지 삼형제」가 생각난다.

아기 돼지 삼형제가 독립을 하게 되었다. 독립을 위한 첫 번째 과업은 집 짓기.

첫째는 짚으로 1시간 만에 집을 지었다. 둘째는 나무로 2시간 만에 집을 지었다. 셋째는 첫째 둘째가 집을 다 짓도록 여태 땅만 파고 있었다. 결국 오랜 시간에 걸쳐 벽돌집을 완성한다. 돌연 늑대가 아기 돼지 삼형제를 공격해 온다. 첫째가 짚으로 만든 집은 한번 훅 부니까 싹 날아가 버리고, 둘째가 나무로 만든 집도 좀 더 힘을 주어 불어 버리니 다 날아가 버렸다. 급히 셋째네 집으로 대피. 형제들이 뭘 고생 그렇게 사서 하느냐고 비웃는 동안에도 묵묵히 공들여 지은 벽돌집은 늑대의 공격에 안전했다. 이들이 그 후 어떻게 힘을 모아 늑대를 물리쳤는지에 대해서는 너무나 다양한 분파들이 존재하고, 여기서는 별로 중요한 부분도 아니므로 생략.

이 이야기의 교훈은? 공든 탑이 무너지랴. 원칙을 지키며 사는 사람들을 격려하고, 자라나는 새 나라의 어린이들에게 '더디 가도 제대로 가기'를 권하고 있다. 그런데 이상하지? 왜 하필 아기 돼지들이 지은 집을 평가하는 유일한 가치 기준이 '견고함'

에 있을까?

이 이야기를 만들어 낸 사람이 무슨 생각이었는지는 나도 모른다. 하지만 적어도 이 이야기가 구전의 세월을 견디고 벽돌집 문화권도 아닌 우리나라의 어린이들이 즐겨 읽는 세계 명작 시리즈의 하나로 굳건히 자리 잡은 배경에는 '좋은 집=견고한 집'이라는 공감이 있었기 때문일 것이다.

세상에는 다양한 집이 있다

인류는 일 년 내내 비가 오는 열대 우림부터 일 년에 200밀리미터도 비가 내리지 않는 사막까지, 뜨거운 사바나에서 차가운 툰드라까지, 정말 다양한 자연 환경에서 살아간다. 그러니 사는 모습은 저마다 다를 수밖에 없고, 지구별 어떤 곳에서는 '견고하지 않은 집'을 짓는 것이 살아남기 위한 중요한 조건이 되기도 한다.

유목민들에게는 빠르게 해체했다가 빠르게 재조립할 수 있는 집이야말로 좋은 집이다. 만약 이들이 견고한 벽돌집을 짓는 데 많은 시간을 보냈다면 살아남을 수 없었으리라. 유목민은 짐승에게 먹일 풀을 찾아 이동을 하며 살아간다. 이들에게는 이동에 방해가 되지 않는 집이 필요하다. 잠시만 머물다 떠날 뿐이기에 땅에 기둥을 박아 집을 짓는 수고는 하지 않는다. 텐트처럼 생긴 유목민의 집은 머물 때는 바람을 막아 안식처를 제공해 주고, 떠날 때는 간단히 접어서 낙타나 말의 등에 실을 수 있도록 설계되었다.

덥고 습기가 많은 지역 사람들은 흔히 나무로 집을 짓는다. 통나무만이 아니라 나뭇가지나 나뭇잎을 이용하기도 한다. 이들에게 중요한 것은 견고함이 아니라 더위와 습기, 야생 동물의 습격을 이겨 내는 것이다. 추운 곳에 사는 이누이트는 눈을 얼려 얼음집인 이글루를 짓는다. 차가운 얼음으로 지은 집은 우리의 예상과는 달리 추위를 막는 데 매우 효과적이라고 한다. 사방천지 온통 눈밖에 없는 그곳에서 눈으로 집을 지을 생각을 한 사람들의 지혜는 감동적이기까지 하다. 남태평양의 어떤 사람들은 바다 위에 나무로 기둥을 세우고 그 위에 원두막 같은 모양의 집을 짓는다. 이들은 육지에 오면 '땅멀미'를 한단다.

우리나라에서는 볏짚을 이용해 초가집을 지어 왔다. 초가지붕의 견고함은 벽돌집만 못했을지 몰라도 매년 지붕 갈이를 할 수 있었고, 두터운 공기층을 형성해서 한여름의 더위와 한겨울의 추위를 이겨 내는 데 유리하다. 게다가 해마다 새로 지붕 갈이를 하니 해로운 곤충들이 장기적으로 서식하는 것도 막아 주었고, 필요한 재료는 벼농사를 짓기만 하면 공짜로 얻을 수 있다!

'견고한 집＝좋은 집'의 공식이 만들어지다

세상에 이토록 다양한 집이 있다는 것은 집을 평가하는 기준도 다양해야 한다는 것을 의미한다. 그런데 왜「아기 돼지 삼형제」

에서는 유독 견고함만으로 집을 평가할까? 동화 속에서는 늑대가 훅 불면 날아가는 엉성한 집을 지은 첫째 돼지와 둘째 돼지의 게으름을 탓하면서 튼튼한 집을 지은 셋째 돼지의 훌륭함을 찬양하고 있다. 여기서 엉터리로 지은 첫째 돼지와 둘째 돼지의 집을 유심히 살펴보자. 첫째 돼지의 집은 짚으로 만든 집이고, 둘째 돼지의 집은 나무로 만든 집이다. 짚으로 지은 집과 나무로 지은 집은 어설퍼서 늑대의 공격에 맥없이 무너지지만, 셋째 돼지는 벽돌로 집을 지었기 때문에 끄떡없다는 설정이다.

이 이야기를 읽으며 어린이들은 '게으름 피우지 말고 평소에 튼튼한 집을 지어야 위기에서 살아남을 수 있다'라는 교훈을 마음에 새기게 될 것이다. 하지만 뭔가 이상하지 않은가? 한국의 아이가 이 책을 읽으면 혼란스럽지 않을까? 우리는 대대로 짚으로 집을 지으며 살아온 민족이다. 사회 과목에서는 짚으로 지붕을 이은 초가집이야말로 벼농사를 위주로 하는 '수도작 문화'의 산물이라고 밑줄까지 치면서 배운다. 한때 시험에도 곧잘 출제되곤 했었다. 그런데 그 초가집이 어리석은 자의 게으름의 산물이라면? 우리는 모두 게으름뱅이의 후손이고, 게으름뱅이 문화를 물려받았다는 뜻? 이 책을 읽는, 짚으로 집을 짓는 문화권의 아이들 마음에 열등감이 스멀스멀 자라나지 않겠는가?

이 이상하고도 흥미로운 집 이야기를 만들어 낸 사람들은 누구일까? 그 사람들은 짚을 엮어 지붕을 올린 집을 짓지 않을 것이고, 엉성하니 판자나 나뭇가지를 연결하여 집을 짓지도 않을 것이다. 그들은 튼튼한 벽돌집을 짓는 사람들일 것이다. 그런 벽돌집을 짓고 사는 이들은 서유럽 사람들이다. 우리가 선망하는 유럽 여행의 풍광 중 하나가 아름답고 단정하게 지어진 벽돌집이 늘어선 바로 그 장면 아니던가. 단단한 벽돌집을 짓고 사는 서유럽 사람들의 눈으로 보면 나무나 짚으로 집을 짓는 것은 게으름 탓이다. 그러므로 그따위 엉성한 집을 짓는 아시아나 아프리카, 남태평양 등지에 사는 사람들은 게으르다는 결론으로 이어질 수 있다. 이제 이들의 가난 혹은 '비문명'은 게으름 탓이 된다. 게으름이 외부의 침입을 부른다. 이들은 외부의 적에 대응할 능력이 없다. 게으른 첫째 돼지와 둘째 돼지가 부지런한 셋째 돼지의 집으로 피신하여 목숨을 구했듯, 아시아나 아프리카 사람들은 유럽인의 집으로 피신해야 한다. 그런데 아시아, 아프리카 사람들이 유럽인의 집으로 모두 들어가는 것은 현실적으로 불가능하니까 유럽 사람들이 아시아, 아프리카로 가서 유럽인의 집을 지었다. 그 이후 이어진 식민지 지배의 살벌한 역사에 대해서는 우리 모두 잘 알고 있다.

쉽게 허물 수 있는 집이 좋은 집이라는 이야기도 있을 거야

서양인의 시각으로 초점이 고정되어 있는 우리는 계속해서 서양에 대한 열등감에 빠져 있지만, 다른 한편으로는 꾸준한 노력을 통해 그래도 준서양인까지는 접근했다고 보는 것 같다. 그리고 시선을 필리핀, 몽골, 베트남, 방글라데시 같은 나라들로 돌린다. 이들은 우리보다 서양에서 더 먼 존재들이므로 더 못난 것들이다. 무시해 마땅하다. 그런데 이 나라들에서 온 이주민들이 속속 우리나라에 다양한 형태로 정착해 가고 있다는 사실을 알고 있는가? 농촌 지역에서는 새로 생겨나는 부부 넷 중한 쌍이 국제결혼으로 맺어진다고 한다. 이주민들이 집중적으로 모여 사는 경기도 안산의 한 초등학교는 전교생의 3분의 1이 이주민의 자녀라고 한다. 놀라운가? 이주민의 수는 점점 늘어날 것이고, 또 이주민들 가운데 많은 이들이 이 나라에 살면서 뿌리를 내릴 것이다. 여기서 아이를 낳고 아이를 학교에 보내고 여기서 늙을 것이다. 세상이 이렇게 바뀌고 있는데 우리는 아직도 단군의 자손, 단일 민족의 나라 대한민국을 이야기한다.

이주민의 자녀들이 아직은 초등학교, 중학교 교실에 있지만 이제 곧 내가 가르치는 고등학교 교실에서도 만날 수 있을 것이다. 나는 그 아이들과 무슨 얘기를 나눌 수 있을까? 유럽의 「아기 돼지 삼형제」가 '견고함'이 집이 갖추어야 할 미덕이라고 얘기한다면, 몽골에서는 쉽게 허물 수 있는 집이 미덕이라는 이야기를 담은 동화도 있지 않을까? 방글라데시에서는 풀로 지은집이 아름다운 집이라는 이야기도 있을 것이다. 그런 다양한 이야기들이 모인다면 이야기의 세계는 더욱 풍부해지고, 이야기를 접하는 아이들은 더 행복해지지 않을까?

게다가 어떤 견고함도 적을 막아 내기에는 충분치 않다. 이번에는 셋째 돼지의 집이 늑대를 막아 냈지만, 다음에 더 강한 적이 들이닥친다면? 진실로 적을 막아 낼 수 있는 방법은 적을 만들지 않는 것이며, 적이 될 수 있는 자들과도 공존하는 방법을 모색하는 것이다. 지구별의 다양한 사람 살이를 보여 주는 '공정한 세계 명작'은 우리 아이들이 공존의 길을 찾도록 도울 수 있을 것이다. 군비 확장보다 비용도 적게 들고 고용 유발 효과도 크니 경제적이기까지 하다.

아기 돼지도 자기 집이 있는데

「아기 돼지 삼형제」에서 인상 깊었던 또 다른 하나는 아기 돼지들이 독립을 위해 자기 집을 갖는다는 부분이다. 짚으로 지었건, 나무로 지었건, 벽돌로 지었건, 아기 돼지들은 독립을 하자마자 당연하게 자기 집을 갖는다. 그것도 단독 주택으로.

독립을 하고 싶어도 엄청난 주거 비용 때문에 엄두를 못 내는 이 땅의 수많은 청춘들을 생각하면 우리는 돼지만도 못한 삶을 산다고 말해야 하나? 신혼살림을 차릴 집을 구할 형편이 못되어 결혼을 미루는 사람들, 일 년 열두 달, 하루 스물네 시간 햇빛 하나 안 드는 반지하방에 사는 사람들, 여름에는 찜질방이 되고 겨울에는 냉동 창고가 되는 옥탑방을 전전하는 사람들, 그마저도 여의치 않아 겨우 몸 하나를 눕힐 공간만 허락되는 고시원을 선택하는 사람들…….

게으르건 말건, 집이 허술하건 말건, 우리는 「아기 돼지 삼형제」의 아기 돼지들이 마냥 부럽다.

제 2 장 —— **일탈의 마을**

일탈의 마을에는 자명한 진리로 받아들이는 규범을 벗어던진 주인공들이 모
여 있다. 중간에 잠을 자는 것으로 게임의 규칙에서 빠져나온 토끼와 그 토
끼의 일탈을 있는 그대로 받아들여 준 거북이, 딴길로 새지 말고 주어진 임
무에만 충실하라는 엄마의 말씀을 어기고 죽을 고비를 넘긴 빨간 모자 소녀,
세상 사람들이 부러워하는 황금알을 낳는 거위의 배를 가른 농부, 금기의 분
홍신을 신고 춤추다 쓰러지는 삶을 택한 소녀가 살고 있는 마을이다. 다들
남다른 선택으로 곤경에 처했으나 이들의 일탈 덕분에 우리의 선택지가 다
양해졌다.

불공정한 규칙을 조롱하라

반전이 멋져

초등학교 입학 전, 당시 초등학교에 근무하시던 어머니께서 간혹 나를 학교에 데리고 출근하셨다. 왜 어린아이였던 나를 데리고 출근했는가, 하는 것이 그 기억과 함께 떠오르는 가장 큰 의문 가운데 하나였는데, 세월이 흘러 내가 그 입장이 되어 보니 저절로 의문이 풀렸다. 나 역시 어린아이를 데리고 민망한 표정으로 출근해야 했던 일이 몇 번이나 생겼다. 정말 먹고살자니 다른 방법이 없었던 것이다.

　그때 어머니를 따라 학교에 가서 교실 맨 뒷자리에 앉아 조심스런 하루를 보내던 날, 나는 「토끼와 거북이」라는 동화를 만났다. 당시 초등학교 교과서에는 꼬맹이인 내가 보기에는 상당히 멋진 삽화와 함께 그 동화가 실려 있었다. 어머니는 학급 아이들에게 공들여서 천천히, 재미있게 「토끼와 거북이」를 들려 주셨다. 반전이 멋진 그 동화가 내 첫 경험이다. 내 동화 읽기는 「토끼와 거북이」로부터 시작되었다.

거북이는 왜?

나는 이 이야기를 처음 만난 순간부터 좋아했다. 비록 나 하나를 위해 읽어 준 것은 아니지만 어머니가 그렇게 소리 내어 실감나게 동화를 들려주신 것도 그때가 처음이었다. 그렇다고 나의 어린 시절을 측은해하지는 마시라. 그 시절 누가 동화책을 소리 내어 읽어 주었을까? 그건 요즘 신식 엄마들이 하는 방식일 뿐이고, 옛날에는 그저 머릿속에 저장되어 있거나 떠오르는 얘기들을 들려주는 것이 전부였다. 책이 있으면 저마다 알아서 읽으면 되지, 하고 생각했을 시절이다. 못 읽는다고? 그럼 배워! 이게 그 시절의 방식이었다.

　무엇보다 나는 느림보 거북이가 재빠른 토끼를 이긴다는 게 좋았다. 왜냐하면 나는 거북이였으니까. 작고 둔한 어린아이였으니까. 그때까지 나는 한 번도 달리기에서 누군가를 이겨 본 적이 없었다. 그런데 거북이도 토끼를 이길 수 있다고 하니, 작고 둔한 어린아이에게 이보다 더 큰 위안이 있을까.

　가장 어림없는 분야에서 토끼에게 도전장을 내민 거북이의 무모함도 나를 매혹했다. 거북이는 모두가 자신의 패배를 점치는 경주에 거리낌 없이 임했다. 특정 분야에서 실패를 거듭해

본 사람들은 안다. 실패한 분야에 다시 도전하는 것은 그 자체만으로도 엄청난 용기가 필요한 일이다. 승률이 낮을수록, 도전이 무모할수록 용기는 빛이 난다. 그러니 설사 졌다고 해도 멋진 일인데, 거북이는 심지어 경기에서 이겼다. 세상 모든 거북이들이여, 만세!

그런데 시간이 흐르자 의심이 찾아들었다. 경쟁에서는 이기고 지는 결과도 중요하지만 그보다는 과정이 더 중요하다는 것을 배운 뒤였다. 비겁한 승리는 정직한 패배보다 부끄러운 일이라고 배웠다. 거북이의 승리는 진짜 승리일까? 왜 거북이는 토끼를 깨워 주지 않았지? 게임에서 이기려고 비겁한 수를 쓰는 거북이는 이겼어도 이긴 것이라고 볼 수 없잖아. 잘난 척은 저 혼자 다 하다가 게으름 때문에 쓰디쓴 패배를 맛보는 토끼도 마음에 들지 않았고, 한번 이겨 보겠다고 정직한 승부를 외면한 거북이도 마음에 들지 않았다. 토끼와 거북이의 이야기는 그렇게 내 마음속에서 지워졌다.

토끼는 왜?

「토끼와 거북이」의 반전처럼 토끼와 거북이에 얽힌 내 생각에도 반전이 찾아왔는데, 그것은 우연한 기회에 찾아들었다. 다들 무료하고 나른했던 어느 날 오후, 교무실에서 조금 유치한 대결이 벌어졌다. 아이 셋을 키운 '아줌마' 교사와 갓 교직에 입문한 팔팔한 새내기 교사 사이에 팔씨름이 벌어진 것이다. 지켜보던 교사들은 판돈까지 걸어 가면서 이 경기에 열을 올리기 시작했다. 결과는? 아줌마가 이겼다. 당연한 일이다. 육아와 살림살이의 중노동을 십수 년 견뎌 낸 팔뚝은 상상 이상으로 힘이 세다. 10 킬로그램이 넘는 아기를 한 팔로 안은 채 남은 한 팔로 쇼핑 바구니를 들고 다닐 수 있는 사람이 아줌마이다. 아줌마는 열 받으면 혼자서 소파도 옮기고 냉장고도 옮길 수 있다. 아직 인생의 본격적인 시련을 겪어 보지 못한 이십 대가 감히 도전장을 들이밀 상대가 아닌 것이다. 교무실에서는 모인 판돈으로 때 아닌 떡볶이 파티가 벌어졌다.

이대로 끝내고 싶지 않은 사람들이 많았나 보다. 이번에는 또 다른 아줌마인 내게 시선이 모였다. 결과는 어떻게 되었을까? 내가 이겼냐고? 천만에. 그럼 졌냐고? 천만에. 나는 팔씨름을 하지 않았다. 잔머리의 대가인 나는 상황을 재빠르게 파악해 버렸다. 팔씨름에서 나는 이겨야 좋은가, 아니면 져야 좋은가? 이겨 봤자 힘센 아줌마라는 별로 영광스럽지 않은 아우라가 나를 쫓아다닐 것이고, 진다면 밥값도 못 하는 아줌마라는, 역시 달갑지 않은 딱지가 따라붙을 것이다. 팔팔한 이십 대 아가씨의 경우는 다르다. 그가 이기면 젊고 건강한 아가씨라고 여길 것이고, 진다면 연약해서 보호해 주어야 한다고 여기겠지. 그걸 모를 리 없는 나는 팔씨름을 거절했다. 흥, 내가 낚일 줄 알고, 하며 제법 똑똑한 듯 돌아섰다.

그 순간 내게 한 가지 의문이 찾아왔다. 왜 토끼는 그 경주에 참여했을까? 토끼의 입장에서 거북이와의 달리기 경주를 생각해 보자. 토끼는 빠르다. 빠른 것은 토끼의 본질이면서 동시에 토끼의 자부심의 근원이다. 그런 토끼가 느리기로 유명한 거북이와 달리기 경주를 한다. 다들 안다. 토끼가 이긴 게임이라는 것을. 이런 게임에서 토끼가 이긴다 한들 무슨 영광이 더해질 것인가. 반대로 확률은 아주 낮지만 만에 하나라도 토끼가 지는 일이 발생한다면? 토끼로서는 망신, 망신, 이런 개망신이 따로 없다. 그러니까 토끼에게 이 게임은 이겨도 얻을 것은 없으되 지면 망신살만 뻗치는, 정말 하등 득이 될 것 없는 게임일 뿐인 것이다. 그냥 거북이를 무시해 주고 돌아서면 충분했을 그 상황에서 무엇 때문에 토끼는 그 경주에 참여했을까?

불변하는 게임의 법칙 – 판을 벌인 자가 가장 큰 이익을 챙긴다

나는 토끼와 거북이의 경주에 제3자가 개입되어 있었을 것이라 생각한다. 둘을 게임에 끌어들이고 구경꾼을 모아 흥을 돋우고 판돈을 모은 누군가가 있었을 것이다. 그가 게임의 규칙을 정했을 것이고, 그가 정한 규칙에 따라 승부를 가르고 판돈을 나누었을 것이다. 이 게임에서 누가 이겼을까? 이 게임을 통해 누가 가장 큰 이익을 보았을까? 당연히 토끼와 거북이의 경주를 만들어 낸 누군지 모를 제3자이겠지. 승부가 어떻게 갈리건 항상 이익을 보는 이는 따로 있다. 이것이 불변하는 '게임의 법칙'인 것이다.

　이런 경우를 생각해 보자. 억지로 끌려온 청중을 상대로 한

강의를 맡은 강사가 있다. 청중은 강의가 시작되기도 전에 끝날 때만 기다리고 있다. 만만치 않은 이 상황을 어떻게 해결할까? 유능한 강사들은 청중의 집중을 이끌어 내기 위해 게임을 벌인다. 예를 들어 청중을 좌우로 나눈 뒤 각각 박수를 치게 한다.

왼쪽!	(짝짝짝!)
에이, 그것밖에 안 되나요?	
이번에는 오른쪽!	(짝짝짝짝!)
왼쪽, 더 잘할 수 있지요?	(짝짝짝짝짝!)
오른쪽도 질 수 없죠?	(짝짝짝짝짝짝!)

약간의 스킬만 익히면 강사는 순식간에 청중을 박수 기계로 만들 수 있다. 함성을 지르게 할 수도 있고, 자리에서 벌떡 일어나게 할 수도 있다. 원리는 간단하다. '서로 경쟁하게 하라.' 이것 하나뿐이다. 그러면 나머지는 알아서 잘된다. 결과는 누구에게 좋은가? 청중에게도 즐거운 한때겠지만 여기서 가장 이익을 보는 쪽은 강사이다. 별로 힘도 들이지 않고 청중의 집중과 관심을 이끌어 내는 데 성공하는 것이다. 유능한 강사라는 찬사는 덤이다.

그런데 이 박수치기 게임에서 연사에게 가장 치명적인 것은 무엇일까? 그것은 그 누군가가 일어나서 "우리가 왜 박수치기 시합을 해?"라며 다른 사람들과 함께 그냥 잡담을 계속하거나 모두 "재미없다!"

며 밖으로 나가버리는 것이다. 그렇게 되면 그 연사는 결코 장내를
장악할 수 없다.

— 강수돌, 『경쟁은 어떻게 내면화되는가?』, 생각의 나무, 2008, 41쪽

게임의 규칙이 복잡해지면 누구에게 유리할까?

대학 입시라는 게임을 볼까? 1980년, 갑자기 과외 및 학원 수강
이 일체 금지되고 1981년 대학 신입생을 뽑는 대학별 본고사가
폐지되었다. 증거를 대라고 하면 꼬리를 내리는 수밖에는 없겠
지만, 당시 최고 권력자의 자제분들이 대학 입시를 치르게 되었
기 때문에 그들에게 유리하게 게임의 규칙을 바꾼 것이라는 얘
기는 공공연한 비밀이다. 대학 입시 제도의 변화로 이익을 본
사람도 더러 있고 손해를 본 사람도 있지만 게임의 규칙을 바꾼
이들이 누구보다 큰 이익을 챙겼다는 것은 명백하다.

대입의 게임 규칙은 수시로 바뀐다. 최근에는 게임 규칙이 정
말 복잡해졌다. 대학 가는 방법이 한두 가지가 아니라는 얘기이
다. 누군가는 봉사 활동 잘해서 대학에 갔다고도 하고, 누군가
는 경시대회만 파고들어서 명문대 진학에 성공했다고도 한다.
그런데 이 말을 다른 측면에서 해석해 보면 이제 대학 가기 위
해서는 공부만 잘해서는 안 된다는 뜻도 된다. 봉사 활동도 많
이 해야 하고, 경시대회에서 수상한 실적도 갖추어야 한다. 거
기에 공부는 기본인데, 공부도 한 가지만 잘해서 되는 것이 아
니다. 전 과목 내신 성적이 골고루 우수해야 하고, 대학수학능

력시험도 잘 봐야 한다. 논술과 구술은 말할 것도 없다. 그런데 내신 공부랑 대학수학능력시험 공부랑 논술·구술 공부가 모두 하나로 꿰어지는 것도 아니라서 제대로 하려면 다 따로따로 공들여 대비를 해야 한다.

게임에서 이기려면 게임의 규칙에 대해 잘 알아야 하는데, 문제는 그 규칙을 이해하는 데만도 상당한 공이 들어간다는 점이다. 입시를 대비하는 당사자 혼자서는 도저히 파악할 수 없는 복잡한 게임의 규칙. 그러니 그를 도와줄 누군가가 반드시 필요하다. 학교에서 알아서 길 안내를 해주면 정말 좋겠지만, 이미 규칙이 너무 복잡해져서 학교에는 입시 지도 전문가가 실종되었다. 작년의 경험이 올해의 밑천이 될 수 없으니 해마다 새로 시작하며 맨땅에 헤딩해야 한다는 점에서 교사도 학생과 다를 바가 없는 것이다.

이렇게 규칙이 수시로 바뀌고 경로마저 다양해지자 아이의 조건에 맞추어 최선의 경로를 찾아 줄 수 있는 사람은 대체로 그 부모로 압축될 수밖에 없다. 그렇다면 이제 이 규칙은 누구에게 유리할까?

시간이 없어 모르고, 모르니 돈이 필요하다

학교에는 학기 초에 학부모를 초청하여 교육 방침을 소개하고 상담도 하는 날이 있다. 학부모 방문의 날에 학교를 찾는 부모들은 그래도 평균적인 부모들에 비해 아이의 교육에 관심도 있고, 그날에 맞추어 자기 시간을 조절할 수 있을 만큼 여유도 있는 편이라고 미루어 짐작할 수 있다. 그런데 그런 자리에서 담임 교사인 내가 확인하게 되는 것은 부모들이 입시 제도에 대해 몰라도 너무 모른다는 점이다. 대학수학능력시험에서 평가하는 과목을 정확히 모르는 경우도 많았다. 한 달이면 수십만 원씩 학원에 갖다 바치고, 아이의 성적표에 생의 희비가 엇갈리는 경험을 한다면서도 대다수의 부모들은 입시 제도에 대해 모르거나 잘못 알고 있다. 그저 열심히, 최선을 다하면 되려니 생각하며 부모로서 해줄 수 있는 모든 것을, 때로는 능력 이상으로 해주면서도 게임의 규칙에 대해서는 모르고 있는 것이다.

늘 아이 주위를 맴돌면서 24시간 아이 인생에 개입할 준비가 되어 있는 헬리콥터 엄마 이야기는 허구일까? 알파맘은 어디로 간 것일까? 적어도 내가 근무해 온 학교들에서 이들의 존재를 확인하기란 어려운 일이었다. 언론은 거짓말을 하고 있는 것일까? 사람들은 있지도 않은 사실을 두고 호들갑을 떨고 있는 것일까? 나는 내가 근무해 온 학교들이 모두 서울의 변두리에 위치한, 그저 그런 학교들이기 때문에 이런 의문이 떠오른 것이라고 생각한다.

헬리콥터 엄마나 알파맘이 되려면 여유가 있어야 한다. 하루하루 살아가기에 바쁜 보통 사람들에게 그런 여유는 꿈일 뿐이다. 아이가 경쟁에서 밀려나지 않도록 학원에라도 보내려고 슈퍼마켓 계산대에서 하루 종일 노동을 하는 엄마는 아이가 제 시간에 학교에 갔는지 확인해 볼 여유조차 없다.

본인이 여유가 없으니 시장의 힘을 빌리게 된다. 시장은 친절하게도 학습 방법을 안내하고 학생의 경력을 관리해 준다. 단, 돈을 내야 한다는 전제 조건이 붙는다. 그러니 돈을 벌어 시장의 힘을 빌려야 하고, 그러자니 더 시간이 없고, 그래서 시장의 도움이 더 절실히 필요해지고……. 이 악순환 속에서 사교육 시장은 점점 커져만 간다.

게임의 규칙을 이해해도 승리한다는 보장은 없다

어찌어찌 게임의 규칙을 이해한다고 해도 그것이 승리를 보장해 주지도 않는다. 이기는 방법을 알고 나면 실행하는 데에 돈이 필요하다. 영어와 수학에도 돈이 들고, 논술에도 돈이 들고, 심지어 봉사 활동에도 돈이 들어간다. 자기 소개서의 봉사 활동 칸을 폼 나게 채우자면 해외 봉사 정도는 다녀와야 하지 않겠는가. 봉사도 돈으로 사야 하는 세상을 오늘 우리는 살아가고 있다. 자기 소개서도 대신 써 준다. 합격을 보장한다는 품질 좋은 자기 소개서는 상상을 초월한 가격에 거래된다.

　돈 많은 부모를 둘 만큼 운이 좋지 않은 대부분의 아이들은 가슴 한구석이 뻥 뚫린다. 막막하다. 어떻게 이 상황을 헤쳐 가야 할지 감도 잡히지 않는다. 뭘 해야 하지? 열심히 자율학습하면 되긴 되는 거야?

　우리는 이미 알고 있다. 영어, 수학 성적이 영어와 수학을 위해 투자한 돈에 꼭 비례하지는 않는다는 것을. 몇 달 전부터 예약해서 겨우 자리를 잡은 족집게 논술 교사에게 배운다고 순식간에 도가 트는 것은 아니라는 것을. 자기 소개서를 잘 쓴다고 해서 그것이 합격에 얼마나 보탬이 되는지는 밝혀진 바가 없다는 것도 안다. 그냥 불안하니까 할 수 있는 것은 무리를 해서라도 다 해보는 것이다.

누구일까, 그들은?

아무도 이해할 수 없고, 결과를 예측할 수도 없는 복잡한 게임 규칙을 정해서 모두를 불안하게 만들어 이익을 보는 이들이 있다. 누구일까, 그들은?

가장 먼저 떠오르는 것은 사교육 시장이다. 점점 커져 가는 사교육 시장은 이미 이 나라의 교육 정책에 가장 큰 영향력을 행사하는 주체가 되었다. 게임을 복잡하게 만들고, 불안감을 키우고, 그리고 돈을 번다.

정치인들도 한몫한다. 선거 때만 되면 각종 교육 정책들이 난무하는데, 그 정책들을 보면 하나같이 사교육비 절감을 이야기한다. 선심 공약 치고 이만한 것이 없다. 사교육의 폐해는 누구나 동의하는, 정말 안전한 문제니까. 아무도 교육의 본질적인 문제에 대해, 학교의 근본적인 사명에 대해 질문하지 않는다. 그저 사교육만, 사교육만 잡자고 한다. 그러고 나서 모든 문제의 원인은 대학 입시 제도에 있다고 뜻을 모은다. 위원회가 생기고, 프로젝트가 만들어지고, 정부의 예산이 새 입시 제도를 만드는 데 쓰인다. 많은 대학 교수들과 전문가들이 이를 통해 부수입을 챙기고 경력을 추가한다.

　이제 입시 제도가 바뀐다. 게임의 규칙은 더 복잡해지고 더 예측하기 어려워진다.

의자가 부족한 것이 문제야!

미친 소리 같겠지만 역설적이게도 나는 여기에서 희망을 본다. 이 복잡한 규칙을 가진 입시 게임에서 승리를 보장받은 사람이 없다는 점에서 말이다. 한껏 뒷바라지를 해주는 부모를 만나지 못했다고 해서 운이 나쁘다고 생각할 필요도 없다. 뒷바라지를 할 만큼 해줘도 실패하는 아이들은 실패한다. 입시에 성공한다고 해서 그것이 끝이 아니라는 것도 다 알고 있다.

　그러니 중요한 것은 우리가 이미 다 알고 있는 사실을 인정하는 것이다. 어차피 이 게임에는 승자가 없다는 것을. 이 게임을 통해 이득을 보는 것은 토끼도 아니고 거북이도 아니다. 이득을 보는 것은 게임의 규칙을 만든 이들이다. 한 걸음 더 나아가 게임 규칙에 대해 본질적인 문제 제기를 한다면 상황은 완전히 달라질지 모른다.

　일본의 빈곤 퇴치 운동가인 유아사 마코토는『덤벼라, 빈곤』에서 의자 뺏기 게임에 빗대어 이야기했다. 10명이 8개의 의자를 두고 게임을 한다면 음악이 울리는 동안 의자 주변을 빙글빙글 돌다가 음악이 멈추는 순간, 8명은 앉고 2명은 서 있어야 한다. 이때 우리는 의자에 앉지 못한 사람들이 왜 앉지 못했는가에 주목하기 십상이다. 이유를 알아 보면 '음악을 귀 기울여 듣지 않았다'거나 '아침을 먹지 않아 기운이 없었다' 같은 이유를 발견할 수 있다. 그러면 수긍을 한다.

이 방식은 어떤 게임이건 그 결과를 설명하는 데 효과적이다. 토끼가 거북이와의 경주에서 진 것은 경기에 태만히 임했기 때문이다. 완벽한 인간은 없으므로 게임에 진 사람들에게서는 언제든 이유를 찾아낼 수 있다. 대학 입시에 실패한 것은 수학을 잘 못했기 때문이라거나, 초등학교 때 공부를 열심히 하지 않아 기초가 부족했기 때문이라거나. 유아사 마코토는 이럴 경우 문제의 원인은 늘 본인에게 있기 때문에 해결책은 본인이 더 노력하자는 쪽으로 나올 수밖에 없다고 말한다. 하지만 이것이 전부인가?

이번에는 의자 개수에 주목해 보자. 의자는 일단 8개밖에 없다. 그렇다면 이번에 앉지 못한 사람은 이 두 사람이지만, 게임을 다시 해 보면 다른 두 사람이 앉을 수 없을지도 모른다. 의자가 2개 부족한 이상, 설사 게임에 참가한 10명이 모두 외야수 이용구나 프로 골퍼 최경주처럼 '대단한 사람들'이라고 해도 반드시 두 사람은 앉지 못한다. 그렇다면 의자에 앉지 못한 것은 '본인의 노력이 부족해서'가 아니라 '의자 개수가 부족했기 때문'이라는 결론이 나온다. 이 경우에는 의자 개수를 늘리는 게 해결책이다.

— 유아사 마코토, 『덤벼라, 빈곤』, 찰리북, 2010, 26쪽

다시 토끼와 거북이를 본다. 게임 중간에 편안히 낮잠을 즐기는 토끼를 보라. 그 여유는 깨달은 자의 것이다. 이기건 지건 이미 중요하지 않다는 것을 깨닫고 인정한 자의 여유.

하지만 더 멋진 쪽은 거북이라고 생각한다. 거북이는 호들갑스럽게 토끼를 깨울 수도 있었다. 지금이 어느 때인데 이렇게 한가하게 낮잠을 자느냐고 질책할 수도 있었다. 그러나 거북이는 대열에서 빠져나와 낮잠을 즐기는 토끼의 선택을 존중했다. 그 이해심은 게임의 구조를 완전히 이해한 자의 것이다. 이게 대단한 일이냐고? 대단한 일이다. 조금, 아주 조금 게임의 규칙에서 벗어나는 행동―사실은 상식적인―을 했을 뿐인데도 "아이의 미래를 생각한다면 어떻게 그럴 수 있느냐?"라는 주변의 빗발치는 충고를 받아야 했던 내 경험에 비추어 보자면 거북이의 침묵은 참으로 대단하고 고마운 일이 아닐 수 없다.

누군가는 잠을 자고 누군가는 그걸 내버려 두면서 게임의 규칙을 조롱하는 이들이 늘어나면 더 이상 이 판은 커지지 않을 것이다. 팔씨름을 거절하자 그 판이 끝났던 것처럼.

우리는 샛길을 택한 이들에게 빚지고 산다

빨간 모자 소녀

샛길은 죽음이라고?

빨간색 후드 코트를 입고 엄마 심부름으로 할머니 댁에 가는 소녀. 소녀에게 엄마는 신신당부를 한다. 샛길로 빠지지 말고 곧바로 할머니 댁에 다녀오라고. 샛길은 위험하니 절대로 딴 길로 빠져서는 안 된다고. 하지만 소녀는 유혹을 이기지 못하고 샛길로 빠진다. 엄마의 말을 듣지 않고 심부름 도중에 딴짓을 한 대가를 톡톡히 치르게 된다. 자신도 죽을 뻔하고 할머니도 죽을 뻔했으니 이 정도면 교훈을 얻었으리라. 어른이 하는 말을 안 듣고 딴짓하면, 정해진 길을 두고 샛길로 빠지면 안 된다는 교훈을. 한마디로 정리하면 "큰길 천국, 샛길 지옥"이다.

하지만 이상하지 않은가? 결국 다 잘되었는데 그것으로 된 것 아닐까? 할머니도 살고 소녀도 살아났는데 왜 다들 호들갑이지? 이번에는 운이 좋아 살았지만 다음에도 운이 좋으리라는 보장이 없고, 그때는 죽음뿐이라고?

알뜰살뜰 박현희

내가 기억하는 어린 시절의 기억들은 대체로 당황스러운 것들이다. 예를 들면 이런 것. 초등학교 입학을 앞두고 새 책가방을 마련했다. 왜 그랬는지 도통 기억은 나지 않지만 새 책가방을 갖게 된 내가 저지른 일은 확실하게 기억난다. 가방의 겉면, 즉 가방을 멨을 때 밖으로 보이는 부분에 검정색 굵은 매직으로 크고 선명하게 "알뜰살뜰 박현희"라고 써 놓은 것이다. 일을 저지르고 나서 크게 실수했다는 생각이 머리를 스쳤지만 이미 때는 늦었다. 매직으로 쓴 글씨는 무슨 수를 써도 지워지지 않았다. 당시 우리 집 형편이 딸의 수치심을 감안해서 멀쩡한 새 가방을 망친 딸에게 다시 가방을 사 줄 형편이 안 되었는지, 또는 자신이 한 행동의 결과를 마음에 새기고 교훈을 얻으라는 교육적인 의도였는지, 이도 저도 아니라면 아무도 내 가방의 낙서에 관심을 가지지 않았는지는 지금도 모르겠다. 어쨌든 나는 그 가방을 메고 꼬박 3년을 학교에 다녀야 했다. 등하교길마다 느껴지는 시선. 키득거리는 소리.

나는 매일 꿈꾸었다. 누군가 내 가방을 훔쳐가기를. 그래서 가방을 아무 데나 방치해 보기도 했다. 하지만 그렇게 커다랗게 이름을 써 놓은 가방을 누가 훔쳐가겠는가. 가방이 찢어졌으면

하는 마음에 최대한 무겁게 채워서 메고 다니기도 했다. 내가 키가 작은 것은 그때의 가방 무게 때문이 아니었을까, 지금도 생각한다. 하지만 가방은 절대로 찢어지지도 않았다.

　그 가방을 메고 다니던 때부터 나는 충동에 따르는 것의 위험성을 깨달았다. 튀는 행동에 대해 어떤 대가를 치러야 하는지도 알게 되었다. 그런데 '반짝!' 하는 생각은 시도 때도 없이 나를 방문했고, 그때마다 온몸이 근질근질해서 견딜 수가 없었다. 근질거림은 내가 '반짝'에 굴복할 때까지 계속되었다. 저지르고 보면 항상 나는 큰길에서 벗어나 있었다. 그리고 어느새 샛길로 접어든 내 앞에는 "알뜰살뜰 박현희"라고 삐뚤빼뚤 커다랗게 쓰인 가방을 메고 3년을 등교할 때와 같은 곤혹스러운 상황이 매번 기다리고 있었다. 그냥 곧바로 큰길을 따라 걸었으면 겪지 않아도 좋았을 고생을 겪을 때마다 나는 결심했다. 앞으로는 정해진 큰길로 가겠다고. 하지만 늘 나의 패배였다. 그놈의 '반짝'과 근질거림이 문제였다.

'반짝' 뒤에 오는 근질거림을 견딜 수가 없어서

빨간 모자 이야기에서 내가 떠올리는 것은 '반짝'과 근질거림이다. 빨간 모자도 그랬을 것이다. 엄마가 심부름을 보내면서 빨간 모자에게 신신당부를 하는 장면을 보며 나는 감을 잡았다. 빨간 모자는 수차례 다른 길로 샌 경험이 있는 전과자일 것이다. 그러니 엄마가 할머니께 가져다 드릴 음식이 든 바구니를 떨어뜨리거나 더럽히지 말라는 충고 대신 다른 길로 새지 말라고 당부했겠지. 빨간 모자도 처음부터 다른 길로 샐 생각은 추호도 없었을 것이다. 이미 다른 길로 샜다가 겪었던 고난의 경험은 빨간 모자에게 충분한 교훈을 주었기 때문에, 빨간 모자는 엄마가 시키는 대로 곧장 큰길로 빨리 할머니 댁에 가서 어머니의 심부름을 깔끔하게 끝내고 싶었을 것이다.

그런데 들판 도처에 핀 예쁜 꽃들을 보는 순간, 그리고 여기저기로 끝을 알 수 없이 펼쳐진 샛길들을 보는 순간, '반짝'이 찾아왔겠지. 처음에는 참았을 것이다. 엄마의 당부를 기억하면서, 길을 잃고 헤맸던 지난 경험을 떠올리면서. 그러나 '반짝'의 명령에 따르지 않았을 때부터 근질거림이 빨간 모자를 덮쳤겠지. '잠깐만, 아주 잠깐이면 될 거야.' 빨간 모자는 이렇게 되뇌며 샛길의 유혹에 빠져들었을 것이고, 그 뒤에 어떤 결말이 기다리고 있는지는 우리 모두 잘 알고 있다. 죽을 고생을 했고 다시는 샛길로 빠지지 말라는 교훈을 뼈아프게 새긴다.

그렇다고 해서 빨간 모자가 다음부터 큰길로만 갔을까? 천만의 말씀. 빨간 모자는 얼마 가지 않아 또 다른 샛길에서 헤매게 될 것이라는 쪽에 내 한 달치 월급이라도 걸 수 있다.

누군가는 샛길족의 유전자를 탑재하고 태어난다

사회 교사로서 전공의 힘을 빌려 좀 폼 잡고 말해 보자면, 우리 사는 세상에 유혹은 구조적으로 상존한다. 세상에는 수많은 길들이 있지만 사회가 우리에게 허락한 길들은 그중 몇 개로 한정되는지라 우리는 늘 샛길의 유혹에 빠져들 수밖에 없다. 어떤 이는 쉽사리 그 유혹을 물리친다. 그들은 큰길을 벗어나는 샛길족의 어리석음을 이해할 수 없다고 하겠지만 샛길족의 한 사람으로서 감히 말하건대, 큰길족에게 아무것도 아닌 그 일이 샛길족에게는 참으로 어렵기만 하다. 이건 의지의 문제와는 다른 차원이다.

나는 지독한 음치이다. 얼핏 들으면 노래를 굉장히 잘할 것 같은 목소리를 가진 관계로 어느 자리에 가면 심심치 않게 노래 한 곡을 부탁받는데, 이것처럼 나를 곤란하게 하는 상황이 없다. 어떤 노래도 나를 통해 변주되면 이상야릇한 소리로 변질된다. 나라고 노력을 안 해본 것은 아니다. 하지만 안 된다. 내게는 노래 유전자 자체가 탑재되어 있지 않은 것이다. 27년 동안 군 생활을 하고도 군가 하나를 마스터하지 못한 사람이 바로 내 아버지이다. 학원에 보내고 과외를 해도 끝내 수학에서 깨침을 얻지 못하는 사람도 있고, 죽어라 수영 강사에게 돈을 갖다 바치고 수영장 물을 다 마셔 버릴 만큼 허우적거려도 끝내 25미터 풀을 왕복하지 못하는 사람도 있다. 다시 말하지만 이건 의지의 문제가 아니다. 연습과 노력으로 어느 정도는 극복할 수 있을지 모르지만 절대로 근본적인 치유는 되지 않는다.

샛길족의 경우도 마찬가지이다. 이들은 원래 큰길에 서서 다른 길에 유혹받도록 태어났다. 인류 진화의 역사를 생각해 보자. 인류의 조상은 나무 위에서 살았다. 기후 변화로 나무 위 살

만한 거처들이 차츰 줄어들자, 이들은 중대한 선택에 직면했다. 나무 위에서 근근이 삶을 유지하든가 아니면 땅으로 내려와 모험을 감행하든가. 대다수는 큰길족이었기 때문에 나무 위에서 어렵사리 영위하는 삶을 선택했다. 나무 위의 삶이 그 당시의 큰길이었으니까.

일부 샛길족, 즉 빨간 모자들이 나무에서 내려왔다. 이들 앞에는 각종 위험이 도사리고 있었다. 크고 사나운 짐승들이 모험을 택한 이들을 위협했다. 나무 열매같이 손쉽게 손에 넣을 수 있는 먹을거리도 별로 없었다. 이들은 땅을 파헤치고 들판을 달리며 살아남기 위해 고군분투했다. 그렇게 길고 긴 세월이 흘렀다. 나무에서 내려와 모험에 가득 찬 삶을 택한 샛길족들은 인간으로 진화했다. 우리는 모두 그때 나무에서 내려와 새로운 삶을 택한 샛길족의 후손이다. 그러니 우리가 샛길의 유혹 앞에서 한없이 약해지는 것은 타고난 운명이라고 할 수밖에.

큰길도 예전에는 샛길이었다

세상은 우리에게 빨간 모자의 이야기를 들려주며 샛길로 새지 말라고 한다. 샛길을 선택하는 것은 인간 존재로서 부여받은 운명과도 같은데, 그것을 부정하며 살라고 한다. 어른들 말씀 잘 들어 손해 볼 것 없다고 우리에게 충고한다.

우리 사회의 큰길, 즉 규칙과 질서가 사회에 자리 잡는 과정을 생각해 보자. 사회에는 어떤 의미로든 더 큰 힘을 가진 자들이 존재할 것이고, 그들은 자신에게 유리한 방식으로 질서를 만들어 나간다. 그리고 그 질서가 불변의 진리인 것처럼 세상 사람들을 세뇌한다. 이 질서는 지배하는 우리에게만 좋은 것이 아니야, 세상 모두에게 좋은 것이야, 그러니 이 질서가 무너지면 세상은 끝장나는 거야, 하고 말이다. 처음에는 저항하는 사람들도 있겠지만 우리의 기억은 얼마나 얄팍한지, 곧바로 질서가 지금과 다른 시절도 있었고 앞으로 다른 질서를 가진 세상이 올 수도 있다는 사실을 망각한 채 그 질서를 수용한다.

이제 사람들은 그 규칙이 원래 어떻게 생겨났는지는 따지지 않고 규칙 그 자체만을 지키는 데 열을 올린다. 그리고 세상 엄마들은 심부름 가는 딸에게 샛길로 새지 말라고 충고하고, 잠자리에서는 빨간 모자 동화를 들려주며 샛길로 샜을 때의 위험성을 설파하는 것이다.

오늘 우리 모두 당연하게 생각하는 '큰길' 가운데 하나는 학교이다. 어느 날 근대적인 학교 제도가 생겨났다. 이제 가르치려면 '교사 자격증'이 필요하다. 장소도 학교로 한정된다. 배우는 자격도 한정된다. 배우려면 일정한 연령에 도달해야 하고, 반드시 지정된 선행 단계를 거쳐야 한다. 또 배우고 싶지 않아도 배워야 한다. 즉 여섯 살에는 아무리 원해도 학교에 갈 수 없으며 열 살은 싫어도 학교에 가야 한다. 중학 과정을 마치지 않으면 고등학교에 진학할 수 없다. 그리고 정해진 방식에 따라 배우는 일을 마치면 '졸업장'을 준다. 졸업장을 받으면 이력서의 학력 란을 채울 수 있고, 그 항목이 뿌듯하게 꽉 차야 밥벌이가 가능하다.

학교를 둘러싼 이와 같은 질서는 우리에게는 굉장히 당연한 것처럼 느껴지지만, 학교는 인류 역사상 아주 짧은 기간 동안 존재해 온 사회 제도인 반면에 가르침은 오래된 인류의 전통이다. 언어를 통해 선대의 유산을 후대에게 전수할 수 있었기에 인간은 문화를 발전시킬 수 있었다. 먼저 알고 있는 이라면 누구나 아직 모르는 이를 가르칠 수 있었다. 누구라도 배울 수 있었고 어디서든 배울 수 있었다. 그렇게 생각하면 배우고 가르치는 데 국가가 정한 자격이나 커리큘럼 같은 것이 개입하지 않는 편이 더 자연스럽고 정상적이라고 볼 수 있다.

의사 면허도 마찬가지이다. 예전에는 능력만 있으면 누구나 사람을 치료할 수 있었다. 사람을 치료하는 데 필요한 것은 치료 능력이지 국가가 공인한 자격증이 아니다. 그런데 의료 제도를 국가가 관리하기 시작하자 자격 없이 사람을 치료하는 것은 파렴치한 불법 행위가 되었다.

지금 우리가 큰길이라고 생각한 길도 옛날에는 샛길이었던 적이 있으며, 지금의 샛길이 나중에 큰길이 되기도 한다. 다만 샛길이 큰길이 되기 위해서는 어리석은 선택을 하는 이가 필요하다. 인적도 없는 그 길에 이끌려 고생이 훤히 보이는 선택을 한 이가.

우리는 모두 샛길을 택한 이들에게 빚지며 산다. 아주 오래전 나무에서 내려오기를 선택한 인류의 조상 덕분에 우리는 인간으로 진화했다. 중국이 세계의 중심이니 한자를 쓰는 것이 인간의 정도正道를 걷는 일이라 누구나 믿을 때 한글이라는 샛길을 택한 이들 덕분에 오늘 우리는 모국어의 편리함을 누리며 산다. 일본 제국주의가 천년만년 갈 것이라고 세상 사람들이 다 믿고 있을 때 결코 무너지지 않을 것 같은 제국주의의 아성을 향해 돌진하던 독립운동가들 덕분에 오늘 우리가 주권 국가의 국민으로 산다. 원래 정치는 다 그런 거라고, 우리가 언제 민주주의 해본 적 있느냐고 체념할 때 독재에 저항해 거리로 나갔던 사람들 덕분에 오늘 우리가 이만큼이라도 산다.

그런데 왜 빨간 모자더러 샛길로 새지 말고 큰길로 곧장 가라고 하는 것일까? 왜 샛길로 간 빨간 모자로부터 '부모님 말씀 잘 들어야 고생 안 한다'라는 교훈을 얻으라는 것일까? 사실 우리에게 탑재된 샛길 유전자에 따라 '반짝' 뒤에 오는 근질거림의 명령에 따른다고 해서 그 끝에 고난만 기다리는 것은 아니다. 결국 빨간 모자는 늑대를 물리쳤고, 이제 누구든 마음 놓고 들판의 어느 길이든 갈 수 있게 되었다. 예쁜 꽃이 유혹하면 꽃을 꺾으러 가도 되고 산딸기를 따고 싶으면 따러 가도 된다. 빨간 모자 덕분에 세상은 사방팔방으로 길을 내며 우리를 맞게 되었다. 고마워, 빨간 모자야.

거위의 배를 갈랐으니 얼마나 다행인가

황금알을 낳는 거위

거위의 배를 가른 주인의 말로

어떤 사람이 황금알을 낳는 거위를 갖게 되었다. 거위는 매일 황금알을 낳았다. 1년 365일 쉬지 않고 황금알을 낳았다. 하지만 꼭 하루에 한 알씩만 낳았다. 하루도 거르지 않고 황금알을 낳았지만 두 개를 낳는 날은 없었다. 거위의 황금알 덕분에 가난한 농부의 살림이 활짝 폈고, 그간의 고생과는 영영 이별을 했다. 그런데 그놈의 욕심이 고개를 들었다. 왜 이놈은 하루에 한 알씩밖에 못 낳는 거야. 한꺼번에 많이 낳아 주면 그걸 밑천으로 뭔가 일을 벌여 큰돈을 벌 수 있을 텐데, 이 미련한 놈은 매일 한 알만 낳아 주네.

거위 주인은 작심하고 거위의 배를 갈랐다. 그놈의 뱃속에 황금이 잔뜩 들어 있을 터이니 그걸 꺼내자, 하는 생각에서 일을 벌였다. 막상 일을 저지르고 보니 거위의 뱃속에 황금 따위는 없었다. 거위는 죽었고, 거위 주인은 땅을 치며 후회했으나 이미 늦었다.

　욕심을 부리지 말고 주어진 분수대로 하루하루를 성실히 살아야 한다는 교훈을 주는 이 이야기는 거위 주인의 후회와 함께 끝이 나지만, 책장을 덮고 나면 거위 주인의 뒷이야기가 궁금해진다. 황금알을 낳는 거위를 제 손으로 죽여 버린 거위 주인은 그 뒤에 어떻게 되었을까? 너무 절망한 나머지 미쳐 버렸을까? 아니면 자살했을까? 가족들의 비난에 못 견디고 집을 나가 노숙자가 되었을까?

우리는 황금알을 낳는 거위를 열망한다

모든 동화가 그렇겠지만 '매일매일 황금알 하나씩'이란 은유적 표현이다. '하루 한 알의 황금알'은 풍족한 삶을 보장할 만큼의 재물이 별다른 노력 없이도 약속한 듯 굴러 들어온다는 의미 정도로 읽을 수 있다. 특별한 노력은 하지 않아도 된다. 거위에게 먹이를 주고 안전한 잠자리를 마련해 주는 정도? 그 정도의 단순한 노력만으로 뭐든 손에 넣을 수 있는 풍요로운 생활이 보장되는 것은 먹고살기 위해 일을 손에서 놓을 수 없는 보통 사람들인 우리 모두가 꾸는 꿈이다.

　정말 거위가 황금알을 낳을 리는 없으니 황금알을 낳는 거위는 매달 세를 받을 수 있는 건물일 수도 있고, 꼬박꼬박 이자가 나오는 목돈일 수도 있으며, 배당금이 착실하게 지급되는 우량 주식일 수도 있다. 여기서 공통점은 이미 거위를 손에 넣은 이상, 그 후에는 추가적인 노력 혹은 노동이 필요 없다는 것이다. 이것이 한동안 우리나라 출판계를 들썩거리게 한 『부자 아빠 가난한 아빠』가 말하는 '부자 아빠'의 세계이다. 돈을 벌기 위해 일하지 말고 돈이 너를 위해 일하도록 하라. 이 세계가 바로 황금알을 낳는 거위의 세계이다.

　대형 서점의 재테크 코너에는 늘 사람들이 북적거리고, 그런 책들은 하나같이 단기간에 10억을 마련하는 비결이나 부동산으로 떼돈 버는 비결, 주식이나 펀드로 높은 수익률을 올리는 법 등을 소개하며 사람들의 이목을 끈다. 대형 서점의 목 좋은 매대에 재테크 코너가 따로 마련되어 있고, 재테크로 분류되는 책이 베스트셀러 목록에 오른다는 것은 황금알을 낳는 거위에 대한 우리 사회의 관심과 열망을 반영한다.

황금알을 낳는 거위가 있으면 일을 안 해도 되지만

황금알을 낳는 거위를 가지면 행복해질까? 나는 임금 노동자의 자녀로 태어나 성장했으며 임금 노동자로 15년이 넘는 세월을 살았다. 임금 노동자로 살아간다는 것은 임금의 많고 적음을 막론하고 일단 일을 손에서 놓을 수 없다는 뜻이다. 내게는 팔 것이 노동밖에 없고, 임금은 다음에 팔 내 노동을 재생산하고 다음 세대의 노동력을 재생산할 수 있게, 딱 그만큼만 지급된다.

사돈의 팔촌의 아는 사람쯤 되는 변호사 부부가 있는데 대형 로펌에서 근무하는 이들 부부는 주말에는 시내의 고급 호텔에 묵으면서 재충전을 한다는 것을 보면, 임금 노동자라고 해서 다하나로 묶어서 볼 수 없고 재생산 비용도 사람마다 다르다고 해야겠다. 그래도 그 변호사 부부와 교사인 나의 공통점이 하나 있는데, 이 노동을 마음대로 멈출 수 없다는 것이다. 일을 해야 먹고산다는 점에서 월급쟁이는 다 같다.

그런데 황금알을 낳는 거위가 내게 있다면? 일단 나는 이 노동을 멈출 수 있다. 마음껏 취미 생활을 즐기고 그동안 못해 본 여러 가지 일들을 해보리라. 마사지도 받으러 다니고 헬스클럽도 다녀야지. 뜨거운 여름이나 추운 겨울 말고, 봄이나 가을처럼 날씨가 좋을 때 여행도 다녀야겠다. 구태여 주말이 아니라도 길을 떠날 수 있으니 늘 한적한 나들이를 즐길 수 있으리라. 그리고 또 뭘 하지?

내겐 황금알을 낳는 거위가 없고 학교 다니고 직장 다니느라 시간을 마음대로 써 본 적도 없으니, 돈도 있고 시간도 있는 생활을 상상하는 것조차 어렵다. 하지만 돈과 시간이 생긴다고 해서 그것만으로 특별한 뭔가를 할 수 있을 것 같지는 않다.

우리는 일을 통해 세상에 기여하며 사람들과 관계를 맺는다. 그리고 일을 통해 세계를 건설해 왔다. 그러니 일을 하는 스스로를 자랑스럽게 생각해야 할 것이다. 다만 그 일이 너무 힘들고 길게 이어지는 것, 그렇게 일하고도 제대로 된 대가를 받을 수 없는 것이 문제일 뿐이다. 그래서 수많은 이들이 아무런 할 일이 없는 삶의 문제점을 이야기한다. 이에 대한 재미있는 사례가 있다.

> 인쇄회사를 경영하는 여든 살의 야마다 씨는 연금으로만 생활해도 살아가는 데 그다지 불편함이 없는 상황이다. 그럼에도 그는 자신의 연금으로 회사의 적자를 메우면서 계속 회사를 경영하고 있다. 그는 종업원과 함께 직접 봉투를 붙이기도 한다. 회사의 문을 닫으면 적자를 볼 일도 없고 연금으로 풍요롭게 살 수 있는데도 불구하고 일부러 연금을 축내면서까지 일하는 쪽을 선택한 셈이다. 은퇴 이후 할 일 없이 시간을 보내는 그의 친구들은 오히려 그를 부러워한다.
>
> — 야마다 마사히로 외, 『더 많이 소비하면 우리는 행복할까?』, 2011, 203~204쪽

자기 돈으로 적자를 메우면서 회사를 경영하는 사람이 있다는 건 황금알을 낳는 거위도 해결해 줄 수 없는 문제가 있다는 뜻이다.

내가 교사가 되어 첫 출근을 앞두고 있을 때 어머니께서 내게 하신 말씀이 있다. "이제 너는 너만 잘하면 다른 사람에게 손을 벌리지 않아도 먹고살 수 있다. 그러니 그 일이 네게 주는 어려움을 기쁘게 받아들여라." 나는 어머니 말씀대로 어려움을 기쁘게 받아들였다. 그 결과 먹고살기 위해 일을 그만두지 않은 덕분에 이만큼이라도 하는 내가 있다고 생각한다. 때려치우고 싶은 충동이 불끈불끈 일어도 그 마음을 다스리며 일을 해야 하는

사정, 황금알을 낳는 거위가 없는 나의 딱한 사정, 그 사정 덕분에 실은 내가 성장해 왔다.

장난감이 없어야 더 잘 노는 아이들

아이가 일곱 살쯤 되었을 때 친구네 집에 아이를 데리고 놀러간 적이 있다. 그 비싼 레고 블록도 몇 세트씩 있고 플라스틱으로 만들어진 조그만 싱크대, 아이들이 들어가 놀 수 있는 작은 집 등등. 내가 생각할 수 있는 세상 모든 장난감들이 다 거기에 있었다. 여간해서 장난감을 사 주지 않는 인색한 엄마를 둔 우리 아이는 완전히 감동하고 완전히 흥분해서 그 장난감들을 향해 달려갔다. 나는 친구와 내가 수다를 떠는 동안 아이가 나를 잊고 잘 놀겠거니, 생각하며 내심 기뻤다. 그런데 잠시 뒤에 보니 아이의 행동이 이상했다. 아이는 자기 또래 친구가 있는데도 친구와 놀 생각도 않고 이것 붙잡고 2분, 저것 붙잡고 1분, 하는 식으로 헤매고 다녔다. 갑자기 닥친 풍요 앞에서 어쩔 줄 몰라 하며 우왕좌왕하는 것이었다.

그 이상스러운 현상을 목격한 후 어느 정도 시간이 흘렀을 때 『장난감을 버려라 아이의 인생이 달라진다』(이병용, 살림, 2005)라는 책을 만났다. 이 책에는 중앙대학교 부설 유치원에서 행해진 '장난감 없는 유치원 프로젝트' 사례가 실려 있다.

만 5세 반 아이들이 다니는 이 유치원은 여느 유치원처럼 언어 영역, 수 영역, 미술 영역 등 각 영역별 교구며 레고, 역할 놀이 집, 보드게임 등의 장난감이 가득 있었다. 실험을 위해 장난감을 완전히 치운 교실에 들어선 아이들은 변화한 상황에 당황하고 울먹였다. 하지만 충격은 잠시, 아이들은 교실이 넓어졌다고 뛰어놀며 넓은 공간과 신체를 사용하여 친구들과 어울려 할 수 있는 놀이들을 하나씩 만들어 가기 시작했다. 처음에는 아주 단순한 놀이로 시작하였으나 차츰 새로운 규칙을 더하여 놀이를 발전시켜 나갔다고 한다. 시간이 흐르자 교실에만 있지 않고 밖으로 나가 놀기 시작했다.

한 달 후 아이들은 변했다. 선생님께 적극적으로 질문을 많이 하고 밖으로 나가 정원과 뒷산에서 놀기를 좋아하게 되었다. 자연의 돌, 나뭇잎, 나뭇가지들이 공깃돌, 인형, 동물 자동차, 시장 놀이에 필요한 물품과 돈이 되었고, 필름 통, 폐타이어 등을 장난감으로 이용하는 방법을 고안해 냈다. 이 책은 아이에게 가장 좋은 장난감은 사람이라는 결론을 제시한다.

이 프로젝트에서도 알 수 있듯이 풍족한 것이 무조건 좋은 것은 아니다. 이것은 아이들에게만 해당되지 않는다. 예를 들어 옷장 가득 옷을 가진 사람일수록 외출할 때 입을 옷이 없어 절망한다. 마음에 드는 외출복이 단 한 벌만 있다면 그는 망설임 없이 그 옷을 선택할 것이다. 외출은 해야 하고 그러자면 옷을 입어야 하는데 옷이 단 한 벌뿐이니까. 그래서 '여섯 벌 이하 입기' 캠페인이라는 것도 등장했다.

'여섯 벌 이하 입기Six Items or Less' 캠페인은 2010년 6월 21일에 시

작되었다. 미국, 영국, 스페인 등을 비롯하여 인도와 두바이, 한국에 거주하는 이들까지 포함해 약 100명이 참가한 이 실험의 규칙과 목표는 간명하다. 옷장에서 딱 여섯 벌을 꺼내 한 달 동안 입는다는 것이다. (물론 속옷은 제외하고.)

여섯 벌만 입는다는 것은 어떤 이들에겐 조심스러운 도전이다. 평소 옷차림에 공을 많이 들이는 사람들이라면 주변 사람들의 시선이 적잖게 신경 쓰일 것이다. 그런데 실제로는 어떨까? 사람들은 사실 자기 자신에게 더 많은 신경을 쓰느라, 그리고 그 신경이라는 게 다른 사람이 나를 어떻게 볼까 하는 것이므로, 정작 다른 이들이 옷을 갈아입든 말든 별로 신경을 쓰지 않는다.

이 캠페인에는 자원을 덜 소비하여 착한 일을 하는 것 이상의 부수적 효과도 많았다. 옷 입기에 대한 스트레스가 줄었기 때문이다. 그러면 삶이 훨씬 편해진다. 아무 생각 없이 무심코 옷을 사는 일도 줄어들었다.

— 한국트렌드연구소 · PFIN, 『핫트렌드 2011』, 리더스북, 2010

결핍의 부족도 결핍이다

나는 오랫동안 로봇 청소기를 갖고 싶었다. 그 동그란 청소기는 나의 로망이다. 내가 출근한 사이에 먼지를 깨끗이 치워 놓고 일이 끝나면 저 혼자 알아서 제자리로 돌아간다니 얼마나 기특한 녀석인가. 그런데 나는 그 기특한 로봇 녀석을 아직 집에 데려오지 못했다. 집에 잡동사니 짐이 너무 많아서 로봇이 누비고 돌아다닐 공간 자체가 없다는 이유도 있지만 결정적으로 그 녀석이 워낙 몸값이 비싼 귀하신 몸이기 때문이다. 당장 사려고 들면 사지 못할 것도 없지만(우리에게는 현대인의 요술 지팡이, 신용카드가 있으니까) 나는 다른 방법을 생각해 냈다. 편해지자고 가전제품을 구입하면서 생활비를 줄이는 불편을 감수하는 것은 좀 웃기는 일이니까.

이건 가족들에게도 말하지 않은 일급비밀인데, 지금 나는 따로 청소기 적금을 붓고 있다. 생활에 지장을 주지 않을 정도의 소액을 다달이 모으고 있는데, 그 적금이 만기되면 절대로 다른 데 쓰지 않고(절대로!) 꼭 그 로봇을 데려오리라 다짐하고 있다. 로봇 청소기와 그것을 위해 내가 붓고 있는 적금을 생각하면 갑자기 흐뭇해진다. 게다가 이렇게 하는 것이 청소기를 당장 구입하는 것보다 더 이익이기도 하다. 그 이유는 내가 청소기를 구입하기 전부터, 즉 돈 한 푼 쓰기도 전부터 즐거운 마음이 생겼기 때문이다.

이런 마음을 생각하면 언제든 원하는 것을 즉시 손에 넣을 수 있는 삶, 즉 황금알을 낳는 거위를 가진 삶이 특별히 더 행복하다고 볼 수도 없을 것 같다. 우리가 돈으로 얻고자 하는 대부분의 것들은 need, 즉 필요를 충족하기 위한 것이라기보다는 want, 즉 욕망을 충족하기 위한 것이라는 점을 생각한다면, 원하는 것이 생겼을 때 그것을 위해 기다리고 노력하는 시간들도 물건을 손에 넣어 누리는 시간만큼이나 즐거움을 줄 수 있기 때문이다. 원하는 것을 무엇이든 손에 넣을 수 있다는 것은 기다리고 노력하는 즐거움을 누릴 수 없도록 만들지 않겠는가. 결핍이 줄 수 있는 행복도 있는 법이니 결핍이 부족한 삶도 일종의 결핍이다. 치명적인 결핍이다.

이 글을 쓴 뒤 한참 시간이 흘렀다. 그사이 적금은 만기가 훌쩍 지났다. 목표한 액수는 다 모았지만 우리 집에는 여전히 로봇 청소기가 없다. 불의의 사고로 청소기 값을 홀라당 다른 데 써버린 것은 아니다. 다만 지혜로운 지인들의 충고를 받아들였을 뿐이다. 그들은 내게 충고했다. 로봇 청소기가 제구실을 다하며 우리 집을 먼지 도가니에서 구출하기에는 우리 집은 너무 좁고, 설사 집이 충분히 넓다 해도 로봇 청소기의 기능이 나의 기대에 훨씬 못 미칠 것이라고. 로봇 청소기에 대한 로망에서 깨어나면 내가 더 행복해질 수 있을 거라고.

오늘 아침에도 나는 가족들과 함께 지하철에서 사 온 5,000원에 세 개짜리 극세사 걸레로 집 안 청소를 했다. 시끌벅적하게, 재미있게. 제대로 된 청소기가 없는 우리 집에서는 온 가족이 청소를 해야 한다. 마음에 든다. 기계 소음도 없고 친환경적이다. 게다가 내 통장에는 로봇 청소기 자금이 고스란히 남아 있다!

황금알을 낳는 거위도 언젠가는 죽는다

황금알을 낳는 거위를 손에 넣은 가족은 결핍의 부족이 가져온 결핍으로 인한 권태에 시달렸을 것이다. 그러니 모두가 원하는 것, 황금알을 낳는 거위를 가졌는데도 그 이상의 것을 원하느라 행복을 느끼지 못했겠지. 그래서 그들은 일생일대의 모험을 감행한다. 황금알을 낳는 거위의 배를 가른 것이다. 거위는 죽고 그들 삶에 더 이상 황금알은 없지만, 그 가족이 건전한 사고방식을 가지고 있다면 크게 불행하지는 않았을 것 같다.

처음에는 절망했을지도 모른다. 거위를 잡자고 제안한 사람을 소리 높여 비난하기도 했을 것이다. 가족들은 서로 반목하고 술도 마셨겠지. 그 거위가 보통 거위인가. 황금알을 낳는 거위인데. 쉽게 번 재물은 쌓이지 않는 법이니 그들에게는 모아 둔 재산도 없었을 것이다. 하지만 마음 한 자락 바꾸어 생각하면 황금알을 낳는 거위를 가지지 않은 세상 사람들이 별 탈 없이 지지고 볶으면서 살아가듯이 그들도 그렇게 살아갈 수 있었으리라. 부동산 불패 신화는 무너지고 펀드는 반 토막이 난다. 황금알을 낳는 거위라고 해서 천년만년 황금알을 낳을 수는 없는 것이다. 어차피 거위의 수명은 아주 짧으니 거위는 그대로 두어도 죽었을 터. 거위의 배를 갈라 수명을 결정적으로 단축하기는 했으나 어차피 닥칠 일이 조금 더 빨리 왔을 뿐이라고 생각하면 그만이다.

세상 사람들 대부분이 그러하듯이 먹고살기 위해 노동하고 원하는 것을 얻기 위해 허리띠를 졸라매기도 하면서 일하는 삶이 주는 새로운 기쁨을 누릴 수 있었으리라. 가족의 생활을 결핍의 부재 상태로 만들어 권태의 늪에 빠지도록 방치하는 것보다는 당장은 어려워도 황금알을 낳는 거위를 제거하는 편이 더 나은 삶을 위한 선택일 수도 있을 것이다. 오죽하면 자식을 아낀다면 유산을 물려주지 말라는 말이 나오겠는가.

황금알을 낳는 거위를 손에 넣은 삶도 행복을 보장하지는 않지만, 황금알을 낳는 거위를 손에 넣기 위해 재테크에 매달리는 일도 행복을 위한 선택은 아니다. 내일의 풍요를 위해 오늘의 행복을 저당 잡히면서 사는 삶이 행복할 수는 없다. 더구나 우리는 유한한 삶을 사는 사람들이다. 그 누구도 내일을 보장받지 못했다. 사실이 이러할진대 재테크랍시고 무리하게 부동산에 투자한 뒤 융자금의 원금과 이자를 갚느라 충분한 소득을 가지고도 허덕이며 살 하등의 이유가 없는 것이다.

사고를 쳤다면 일단 배불리 먹고 퍼저 잔 다음 생각하자

오늘도 서점의 재테크 코너를 서성이고 있는 사람들에게 꼭 해주고 싶은 이야기가 있다. 책을 써 본 사람은 안다. 그들이 진정 떼돈을 벌었다면 재테크 책 따위는 쓰지 않았으리라는 것을. 어떤 책을 쓰건 책을 쓰는 것은 대단히 힘든 노동이다. 어깨는 결리고 손목은 시리고 눈알이 당장 튀어나올 것같이 아프다. 목은 자라목이 되고 눈은 나빠진다. 배가 나오고 등은 굽는다. 집필 과정의 스트레스로 짜증 많은 인간이 되어 가족에게 배척당한다. 당장 글을 쓰고 있지 않아도 글을 써야 한다는 압박감에 시달리느라 늘 시간이 없다는 강박관념을 안고 산다. 덕분에 인간관계가 파탄 난다. 그러니 이미 충분한 돈을 벌었다면 몇 년 내에 사람들의 기억 속에서 영원히 사라질 재테크 책을 쓰느라 아등바등할 이유가 없는 것이다.

진짜 성공한 사람의 책은 재테크 코너에 없다. 그러니 발걸음을 돌려 인문학이나 철학, 사회과학 코너로 가 보시라. 이런 책들은 황금알을 낳는 거위가 존재할 수 없는 우리 사회의 구조를 가르쳐 주고, 황금알을 낳는 거위가 없어서 행복한 삶의 길을 제시한다. 책은 부동산처럼 고가가 아니니 융자금 걱정을 할 필요도 없고, 지식은 쌓아 두면 펀드처럼 반 토막 나는 법도 없으니 정말 안전한 투자가 아닌가. 진짜 황금알은 이런 책 속에 있다.

무언가가 부족할 때 우리는 창의적이 된다. 더 많은 능력을 발휘하며 더 의욕적으로 살 수 있다. 이것이 결핍의 힘이다. 이것은 개인에게만 맞는 말이 아니라 공동체에도 맞는 말이다.

인간은 지력과 능력이 상상을 초월할 정도로 뛰어난 종이다. 힘든 사태에 직면하면, 우리는 서로 합심하여 해결책을 찾아낸다. 제2차 세계대전 동안에 영국인들은 '승리를 위해 땅을 파자'(Dig For Victory : 전쟁으로 식량난이 심각할 때 집 안의 정원에 야채와 감자를 길러 식량을 보충하는 캠페인)는 구호 아래 서로 힘을 모았다. 시대는 많이 달라졌다. 그때는 이웃끼리 서로 알고 지냈고, 공동체 규모도 훨씬 작았다. 그런 차이에도 불구하고, 지역 주민들을 서로 연결시킴으로써 탄력적인 공동체를 재구축하는 노력을 펼 수 있다면 우리 인간은 미래의 그 어떤 도전도 극복할 수 있다.

— 마크 보일, 『돈 한푼 안 쓰고 1년 살기』, 부글북스, 2010, 321쪽

나라면 거위의 배를 가르고 정말 엄청난 사고를 쳤다는 사실을 깨달았을 때 어떻게 했을까 상상해 본다. 우리 가족에게 내가 그런 사고를 쳤다면 어떻게 할 거냐고 물어보니 일단 거위 볶음이나 백숙을 푸지게 해 먹고, 식곤증이 몰려올 테니 한잠 퍼져 자고, 그다음 일은 그 뒤에 생각하겠단다. 좋은 답이다. 그리고 이 좋은 답이 나온 것은 우리 가족이 황금알을 낳는 거위를 한 번도 가져 본 적이 없는 덕택이다. 그런데 거위 고기는 맛있을까?

분홍신을 탐한 것이 뭐 어때서

분홍신

신발 한 켤레의 대가가 목숨이라니

가난하고 외로운 소녀는 분홍신을 신고 싶어 한다. 분홍신을 신고 춤을 추는 자신의 모습을 상상해 보는 것이 소녀의 유일한 낙이다. 분홍신에 대한 꿈은 소녀가 숨 막히는 현실에서 살아남을 수 있게 해주는 힘이다. 가난한 그 소녀에게는 많은 것이 필요했을 것이다. 따뜻한 저녁 식사와 포근한 침대, 추위를 막아줄 외투, 포근히 어루만져 줄 애정 어린 손길……. 그런데도 소녀는 분홍신만을 원한다.

드디어 소녀는 분홍신을 갖게 되었다. 분홍신을 신고 춤을 추기 시작한다. 최고의 행복을 맛보면서 춤을 추는 소녀……. 그런데 멈출 수가 없다. 계속해서 끝도 없이 춤을 춘다. 분홍신은 절대로 벗겨지지 않고 신을 신고 있는 동안은 춤을 추어야만 한다. 결국 소녀는 죽을 때까지 춤을 춘다.

세상에서 가장 잔혹한 동화를 내게 꼽으라고 한다면 나는「분홍신」을 순위에 올리는 일에 주저함이 없을 것이다. 신발 한 켤레에 목숨 하나. 이 무시무시한 교환이 잔혹하지 않으면 세상 무엇이 잔혹하단 말인가.

문제는 분홍색이다

문제는 분홍색이다. 원제목은 '빨간 구두'라고 하니 '문제는 빨간색이다'라고 써야 옳겠지만, 이 글을 쓰는 사람이나 읽는 사람 모두 분홍신에 익숙할 테니 문제는 분홍색이다, 라고 하자. 불우한 소녀가 꿈꾸던 것이 새 신발이라는 것은 문제가 되지 않는다. 뭐든 물자가 귀하던 그 시절, 넉넉하지 못한 살림살이로 살아가는 사람들은 누구든 새 신발을 원했을 테니까. 그런데 그 신발이 검정색 신이나 갈색 신이었으면 아무런 문제도 되지 않았을 것이다. 중요한 것은 소녀가 원했던 그것이 분홍신이라는 점이다.

분홍신은 신발이 수십 켤레가 있어서 입고 있는 옷이나 기분이나 용도에 맞춰서 마음대로 골라 신을 수 있는 사람에게나 어울리는 선택이다. 단 한 켤레의 신발을 고른다면 그것은 검정색이거나 갈색이어야 한다. 이 경우 더 중요한 것은 신발의 색깔이나 모양새보다는 내구성이다. 그러니 소녀 주위의 사람들은 모두 검정색이나 갈색의, 튼튼하고 오래 신을 수 있는 신발을 골랐으리라. 처음에는 사람들이 자신의 필요에 충실하게 따른 결과로 검정색이나 갈색 일색이었겠지만 시간이 흐르면서 그것은 그 사회의 규범으로 자리 잡았을 것이다. 신앙심 깊고 견실한 사람이라면 검정색이나 갈색 신을 신는 것이 하나의 룰이 된 것이다. 그리고 모두 그렇게 했다. 대부분의 사람에게 신발 색깔은 목숨을 걸 만큼 중요한 사안이 아니고, 또 많은 이들이 공감하겠지만, 그것은 정말 안전한 선택이다. 갈색이나 검정색은 어떤 옷을 입건 신발만 동동 떠다니는 것같이 보이는 민망한 상황을 피할 수 있게 해주니까.

하지만 어떤 이는 분홍색을 원할 수 있다. 그럴 수 있다. 그리고 그것은 특이한 취향이기는 하나 나쁜 일은 아니다. 그런데 특이한 취향을 실현한 대가가 목숨을 내놓는 것이었다.

학교는 분홍신을 금지한다

학교에서 체벌이 사라졌다. 나는 학교의 공기가 크게 달라질 것이라고 기대했지만 기대는 어긋났다. 체벌 대신 자리 잡은 벌점 항목은 일목요연하게 학생들에게 허락된 것과 허락되지 않은 것을 구분하여 보여 준다. 학생 생활 규정이 보여 주는 벌점 항목에 따르면 학생은 화장을 해서도 안 되고, 머리를 염색하거나 파마해서도 안 되며, 남학생이라면 머리를 길러서도 안 된다. 교복 이외의 옷을 입으면 안 되고 교복을 변형해서 입어도 안 된다. 다시 말해 학교는 일체의 분홍신을 금지한다.

규칙은 지켜져야 값을 하는 것. 그리하여 학생들이 이 규정을 잘 따르고 있는지를 확인하기 위해 오늘도 수많은 교사들이 교문을 지키는 중노동을 감수한다. 추우면 추운 대로 더우면 더운 대로 교문을 지키는 일은 육체적으로 정말 힘든 일일뿐더러 수없이 몰려 들어오는 학생들과의 기싸움으로 진이 다 빠지는 일이기도 하다. 교문을 지키는 교사는 아침부터 기운을 다 빼고 일과를 시작해야 하고, 많은 학생들은 가슴 졸이며 학교에서의 일과를 시작한다. 그리고 규칙을 지키지 않는 아이들에게는 벌점이 부여된다. 이런 식으로 계속하면 좋지 않은 결말을 맞게 될 것이라는 엄중한 경고도 빠지지 않는다. 그래도 아이들은 머리를 기르고 화장을 하고 교복을 변형한다. 어른들은 분홍신을 탐하면 처참한 말로를 맞게 될 것이라고 경고하는데 소녀는 분홍신에 대한 욕망을 거둘 수 없는 것과 무엇이 다른가. 사실 분홍신을 신으면 안 되는 합리적인 이유는 어디에서도 찾을 수 없다. 다만 금지된 것이기 때문에 금지될 뿐이다. 그리고 오늘도 소녀는 금지된 것을 욕망한다.

학생은 왜 슬리퍼를 신으면 안 되는가

학교의 대표적인 복장 규제 가운데 하나인 '학생은 슬리퍼를 신으면 안 된다'에 대해 생각해 보자. 학생들은 등교할 때 슬리퍼를 신으면 안 된다. 운동화나 굽이 높지 않고 무난한 색상의 구두가 정답이다. 그런데 학생들은 묻는다. "왜 학생은 슬리퍼를 신으면 안 되나요?" 이에 대한 교사들의 대답은 크게 세 가지로 분류될 수 있다.

첫째, 슬리퍼를 신는 것은 예절에 어긋나기 때문이라는 답변이다. 이 답변은 학교란 학과 공부나 성적·졸업장만을 위한 곳 이상의 아주 성스러운 장이라는 논리로 탄탄하게 뒷받침된다. 배우고자 학교에 온 너는 일정한 예절을 갖출 필요가 있다는 것이다. 그러나 이 논리에는 허점이 있다. 여름이 오면 수많은 교사들이 맨발에 슬리퍼 차림으로 출근하고 교실에 들어간다. 하지만 이를 두고 무례하다고 말하는 이는 없다. 그러므로 '슬리퍼는 예의에 맞지 않다'라는 말은 힘을 잃는다. 중요한 것은 슬리퍼를 신고 안 신고의 문제가 아니다. 정말 중요한 것은 누가 슬리퍼를 신느냐이다.

여기서 학교가 정말 '성적·졸업장만을 위한 곳이 아니라 보다 중요한 것들을 가르쳐 주는 성스러운 교육의 장'이라는 주장이 얼마나 턱없는 소리인지는 논외로 했을 때도 그렇다.

둘째, 슬리퍼를 신는 것은 안전하지 않기 때문이라는 논리이다. 슬리퍼는 늘 미끄러질 위험을 내포하고 있다. 그러니 이름이 '슬리퍼slipper'겠지. 그럼 왜 선생님들은 그 위험한 슬리퍼를 신을까? 어린 너희들은 뛰지만, 나이 든 교사는 뛰지 않기 때문이라는 답변이 돌아온다. 이 역시 허점을 드러내는 논리이다. 먼저 슬리퍼 신기를 허용하는 학교에서 일어난 '슬리퍼 관련 안전사고'가 슬리퍼 신기를 금지하는 학교의 '슬리퍼 관련 안전사고'에 비해 많다는 증거는 어디에서도 발견되지 않기 때문이다.

물론 어떤 학생은 슬리퍼를 신고 뛰다가 미끄러져 다치기도 했을 것이다. 그러나 그 위험도가 성인 교사의 아찔한 하이힐에 비해 높다고 볼 수도 없다. 이 논리가 가지고 있는 두 번째 허점은 교사도 뛴다는 사실이다. 학생들은 주로 운동장에서 뛰지만 실내의 미끄러운 바닥에서 슬리퍼를 신고 질주해야 하는 쪽은 교사들인 경우가 많다. 교사의 업무는 학교 밖 사람들이 상상하는 것 이상으로 육체 노동의 측면이 강하다.

넘어질 위험도로 따지자면 슬리퍼는 젊고 팔팔해서 반사신경도 좋은 학생들보다는 나이 먹어 툭하면 비틀거리는 나이 든 교사들에게 더 위험한 물건 아닌가. 그런데 왜 젊고 팔팔한 것들만 슬리퍼를 신고 다니지 못하게 하지? 게다가 정말 학생들의 안전을 위협하는 것은 40명 내외의 아이들을 좁은 공간에 줄맞춰서 몰아넣고 하루 종일 앉아서 서로 경쟁하도록 하는 상황, 그 자체이다. 스트레스는 극에 달하고 자기 영역을 확보하지 못한 학생들은 서로에게 폭력적으로 행동한다.

셋째, 이것은 앞의 두 가지에 비해 굉장히 솔직한 논리인데, 바로 "그렇게 억울하면 너도 선생해라"라는 것이다. 너랑 나랑 엄연히 신분이 다른데 같으면 재미없잖아, 하는 것이 바로 세 번째 논리에 숨겨진 진실이다. 이 대답은 앞의 두 가지에 비해 무척 무성의해 보이지만 교육적으로 가장 덜 해로운 답변이라고 생각한다. 적어도 이 논리에는 교육이 아닌 것을 교육으로 위장하지 않는 미덕이 담겨 있다. 세 번째 부류에 해당하는 답변을 들으며 적어도 학생들은 학교에 교육의 논리만이 아니라 정치의 논리가 아주 강하게 작동하고 있음을 배우게 될 것이다. 냉소적이라는 비판이 돌아올 것을 감수하면서 감히 말하자면 이 세 번째 부류의 답변에는 보다 본질적으로 세상을 보는 법을 가르쳐 준다는 점에서 약간의 의의도 있다.

학생 주제에!

정직하게 말하자. 이 모든 상황을 종합해 볼 때, 슬리퍼 금지의 논리는 '학생 주제에 슬리퍼를 신는 것은 안 된다'라는 것이 본질이다. 이걸 논리라고 볼 수 있을지, 또 학생 주제가 어디가 어때서 슬리퍼를 신을 주제도 못 되는지는 모르겠지만. 여기서 슬리퍼를 예로 들어 이야기하는 까닭은, 이것이 가장 사소한 문제이기 때문이다. 학교의 거의 모든 (차마 '완전 모든 것'이라고 쓰지 못하는 소심한 나를 용서하라) 복장 규정은 무슨 이유를 표면에 내세우건 간에 속내를 파고들어가 보면 그저 '학생 주제에 그런 것을 탐하다니!'라는 생각이 도사리고 있다. 하나씩 차근차근 확인해 볼까?

남학생들은 반드시 교복 셔츠를 바지 속에 넣어서 입고 허리띠를 매야 한다. 요즘 세상에 '민간인'인 젊은 남자들은 아무도 셔츠를 바지 속에 넣어 입지 않는다. 게다가 몸에 맞게 잘 재단된 요즘 교복은 허리띠가 없어도 전혀 흘러내릴 염려가 없다. 그런데도 겉에 입은 조끼와 겉옷을 막대기로 들춰 가면서 허리띠 착용 여부를 확인하는 절차를 거쳐야 교문을 통과할 수 있는 학교가 아직도 대한민국에 존재한다. 허리띠를 착용해야 하는 이유는 그것이 '단정한' 차림이기 때문이다.

학생들은 화장을 해서도 안 된다. 나이가 들어서도 거의 '쌩얼'로 버티는 나를 보고 많은 이들이 적당한 화장은 예의라며 나의 게으름을 질타한다. 그런데 학생들은 다르다. 화장은 공부에는 관심이 없고 다른 데 정신을 파는 것들이나 하는 천박한 행위이기 때문에 금지된다. 내게는 예의인 것이 그들에게는 천박한 일이다. 나이 든 여자인 나는 화장을 강요당하고 나이 어린 여자인 그들은 화장을 금지당한다.

나는 10대의 어린 피부에 화장품은 너무 독하기 때문에 화장을 너무 일찍 시작하는 것이 좋지 않다고 믿어 왔다. 어차피 평생 지겹도록 하게 될 화장인데 어린 나이부터 시작해서 자신을 속박할 필요가 있는가 생각해 왔다. 사실 내 관찰 결과에 따르면 화장을 진하게 하고 다니는 여학생들은 대체로 피부 상태가 좋지 않았다. 그래서 독한 화장품을 너무 어린 나이부터 바르기 시작해서 피부가 망가졌다고 믿었다. 그런데 조카 아이가 고등학생이었을 때 이런 말을 했다. "이모, 화장을 해서 피부가 나빠진 게 아니라 피부가 나쁘니까 화장을 하는 거야." 이런! 나이 든 여자들이 화장으로 피부와 얼굴의 결점을 가리고 싶은 욕망이 있다면 나이 어린 여자들에게도 동일한 욕망이 있는 것은 당연한데, 그걸 몰랐다.

나는 지금도 너무 어린 나이에 화장을 하는 것은 별로 좋은 선택이 아니라고 생각한다. 하지만 내 생각이 그렇다는 것일 뿐 그것이 공식적인 금지의 명분이 될 수는 없다. 내가 어두컴컴한 노래방을 좋아하지 않는다고 해서 다른 사람들이 노래방에 가는 것을 금지할 수 없는 것과 같은 이치이다.

남학생의 머리카락 길이

복장 규제의 정점에는 남학생의 머리카락 길이와 여학생의 치마 길이가 있다. 남학생들은 머리를 기르는 데 목숨을 걸고 여학생들은 치마 길이를 줄이는 데 목숨을 건다. 학교도 목숨을 거는 건 마찬가지이다. 남학생의 머리카락 길이와 여학생의 치마 길이는 학교 복장 규제의 최전선이다. 양쪽 모두 '다른 것은 다 참아도 이것만은 양보 못 해!'라는 입장이다.

몇 년 전 여름방학을 마치고 단발 길이의 레게 머리로 학교에 나타난 남학생이 있었다. 교실에 들어가 보니 그 아이는 비슷비슷해 보이는 얼굴들 속에서 유난하게 도드라졌다. 도드라진 다는 것이 학교 생활에서 얼마나 피곤한 일인지를 잘 알고 있는 나는 그 아이가 염려스러웠지만, 머리 스타일에 대해서는 한마디도 하지 않았다. 상대방의 머리 스타일에 대해 면전에서 노골적으로 부정적인 의견을 내놓는 것은 예의에 어긋난 행동이기에 모범을 보여야 할 교사가 입에 담을 말이 아니라는 평소의 믿음에 따른 것이기도 했지만, 그날은 다른 이유도 있었다. 아무나 소화하기 어려운 스타일이 그 녀석에게 너무도 완벽하게 어울렸던 것이다. 짙은 피부색에 유난히 작은 얼굴의 그 아이는 새로운 스타일 덕분에 정말 간지가 철철 넘쳐흐르고 있었다. 자신에게 맞는 최적의 스타일을 찾아낸 것이다. 이 나이를 먹도록 내게 맞는 최적의 스타일을 찾지 못해 여러 미장원을 전전하는 나에 비해 그 아이는 얼마나 앞서 나가고 있는가. 그러니 입을 다물 수밖에.

다만 나는 염려했다. 아이는 저 스타일로 학교에서 며칠이나 버틸 수 있을까? 정확히 3일 뒤 아이는 머리카락을 잘랐다. 그 사이에 어떤 일이 있었는지 정확히는 모른다. 다만 짐작할 뿐이다. 머리카락을 자른 아이는 다른 아이들 틈에 섞여 평범한 아이가 되었다. 나중에 한 아이가 내게 전해 준 바에 의하면 그 아이는 점심 시간에 외출해서 머리를 자르고 들어와 오후 내내 울었다고 한다. 자존심에 죽고 사는 열여덟 살 남자아이가 친구들의 시선도 아랑곳하지 않고 통곡을 했다 한다. 머리카락을 자르면서 그 아이의 세계도 뭉텅 잘려 나가 버린 것은 아니었을까. 머리카락을 '정리'한 뒤 그 아이가 잡생각을 떨쳐 버리고 공부에 전념하면서 학생다운 생활을 하게 되었는지는 잘 모르겠다. 짧은 머리카락이 면학의 보증수표라면 조선 시대 선비들은 대체 어떻게 학문에 매진할 수 있었을까?

여학생의 치마 길이

여학생들은 교복을 고친다. 교복을 사면 제일 먼저 수선집으로 달려간다. 신입생들이 동복을 새로 구입하는 2, 3월과 하복으로 바꿔 입는 5, 6월은 수선집과 세탁소의 대목이다. 상의는 단추를 잠그면 숨도 쉬기 어려울 만큼 꼭 맞게, 하의는 최대한 딱 맞고 짧게 고쳐 입는다. 요즘은 아무리 범생이라 할지라도 교복 치마를 무릎 아래로 입는 아이는 없다. 그렇게 특이한 취향을 가진 아이는 친구들과 어울리기도 어렵다. 그런 아이는 같이 다니기에는 '너무 촌스러운 당신'이다.

감당할 수 있는 수준까지 각자 교복을 고쳐 입은 아이들은 교문 앞에서 숨바꼭질을 벌인다. 어떤 아이들은 교복 치마가 두 벌이다. 가방 속에는 교문 통과용 교복이 들어 있다. 등교 시간 학교 앞에서는 아이들이 너도 나도 교문에 발을 들여놓기 직전에 짧고 딱 붙는 교복 치마 위에 헐렁한 교복 치마를 껴입는 진풍경이 벌어진다. 다 큰 여자아이들이 만인시하에 치마를 입고 있는 민망한 광경이 벌어지는 이유는 단 하나이다. 학교가 단정하고 정숙한 옷차림을 요구하기 때문이다. 그래서 아이들은 단정하고 정숙한 옷차림을 위해 대로변에서 치마를 입고 벗는다. 남들이 보건 말건 아랑곳 않고.

너무 짧은 치마는 입은 사람의 움직임을 심하게 구속한다. 안 그래도 숨쉬기 운동 말고는 아무런 운동도 하지 않고 내내 과자만 먹으면서 다이어트 한다고 밥을 굶는 여학생들을 보면 속이 터지는 판에 그 짧은 치마까지 합세해서 건강치 못한 생활을 이어가는 아이들에게 해주고 싶은 얘기도 많다. 하지만 앞에서도 말했듯이 내가 좋아하지 않는다고 해서 그것이 금지의 이유가 되어서는 안 된다. 애초에 치마를 교복으로 입도록 정한 것부터가 문제의 시작이니까. 서인영은 허벅지를 모두 드러낸 아찔한 핫 팬츠로 스타가 되었다. 사람들은 그 각선미에 열광한다. "그러면서 왜 우리는 하지 말라고 해요?" 여기에 대해 우리는 어떤 대답을 내놓을 수 있을까. 건강하고 활동적인 여성을 아름다운 여성으로 찬미하는 세상이 온다면, 운동으로 흘린 땀을 아름다움의 필수 조건으로 생각하는 세상이 온다면, 실용적인 것이 아름다운 것으로 평가받는 세상이 온다면 아이들은 저절로 불편한 짧은 치마를 포기할 텐데.

또 하나. 분홍신을 열망한 소녀가 부유한 집의 아가씨였어도 결말이 그렇게 처참했을까. 부유한 소녀는 검정색 신이 필요한 자리에는 검정색 신을 신고 분홍신으로 돋보이고 싶은 자리에서는 분홍신을 신었을 것이다. 부유한 소녀라면 여러 컬레의 구두가 있을 테고 원한다면 또 다른 신발을 얼마든지 마련할 수 있으니까.

공립학교 교사로서 여러 학교를 옮겨 다니면서 깨달은 것은 교복의 변형 정도는 그 학교 학부모들의 소득 수준과 높은 상관관계에 있다는 점이다. 부유한 지역의 학교에서는 교복 변형이 별로 나타나지 않는다. 교복을 이상스럽게 줄여 입는 것은 주로 가난한 지역의 학교에서 두드러지게 나타나는 현상이다.

왜 이런 일이? 우선 부유한 가정의 아이들은 구태여 교복을 줄여 가면서 멋을 낼 필요가 없기 때문이다. 그 아이들은 자신을 다른 아이들과 구별 지어 줄 특별한 무엇을 교복 이외의 것에서 찾을 경제적 여유가 있다. 명품 가방과 유명 브랜드 옷들이 있는데 무슨 영광을 보겠다고 구질구질하게 교복을 줄여 입겠는가. 또 다른 이유는 소득 수준과 학력 수준이 정확히 비례하는 현재의 학교 상황을 생각하면 금방 깨달을 수 있다. 가난한 지역의 아이들은 학업을 통해 자신의 존재감을 확인할 방법을 찾기가 더 어렵다. 그러니 다른 방법을 찾는 것이다. 게다가 먹고살기 바쁜 부모들은 자녀가 교복을 어떻게 입고 다니는지를 살필 겨를이 없다. 교복을 흉측하게 줄인 것을 알았다 해도 선뜻 새 교복을 사 줄 여유도 없다. 엎질러진 물처럼, 변형된 교복을 한숨과 함께 받아들이는 수밖에 없다.

왜 세상은 분홍신을 금지하는가

왜 학교는 이런저런 분홍신들을 금지하는 데 그토록 열을 올리는 것일까?

첫째, 부당한 규제에도 묵묵히 따르는 순종적인 인간을 키워내는 것이 자본주의 세상이 학교에 바라는 것이라면, 학교는 복장 규제를 통해 세상의 요구에 답하고 있다. 부당한 규제를 별다른 불만 없이, 혹은 불만이 있더라도 속으로 삭이며 참고 견디도록 길들여진 아이는 자라서 기업의 부당한 방침에도 묵묵히 일만 하는 노동자로 최적화될 것이다. 이때 규제가 부당한 것일수록, 그리고 강제하는 방식이 억압적일수록 효과는 더 커진다.

둘째, 자라나는 젊은 세대에 대한 두려움을 억누르기 위해서이다. 머리카락 길이를 제한하고 귀걸이를 금지하는 것은 '어린 것'이 자기보다 멋있어 보이는 것을 두려워하는 수컷 본능의 발동 아닐까. 화장을 금지하고 치마 길이를 제한하는 것은 '어린 것'이 자기보다 아름다워 보이는 것을 두려워하는 암컷 본능의 발동 아닐까.

열여덟 살 아이들은 생명력이 펄펄 넘치는 아름다운 외모를 가지고 있다. 그 아이들 앞에 놓인 수컷·암컷으로서의 무궁무진한 가능성을 보면 이제 나이가 들어 생명력을 잃어가고 있는 교사·어른은 두렵다. 불쾌감을 느끼기도 한다. 대체로 여학생에 대해서는 여교사가, 남학생에 대해서는 남교사가 보다 까다롭게 복장 규제를 하는 것을 보면 이 의심은 더욱 강화된다.

그러므로 학교에서 분홍신을 금지하는 것은 정치적이고 경제적이며 또한 생물적인 필요가 뒤섞여 만들어진 문화의 힘이다. 그런데도 우리는 이 모두를 교육이라 부른다. 정말 학교에는 교육도 아니면서 교육인 척하는 것들이 너무 많다.

가난한 가정에서 태어나 작가로서의 꿈을 펼치며 살아온 안데르센이 「분홍신」에서 이야기하고 싶었던 것이 쓸모없는 탐욕·허영은 벌을 받는다는 것이었을까? 금지된 분홍신을 탐한 자여, 죽음으로 대가를 치르리라, 이런 것이었을까? 실은 소녀가 분홍신을 탐한 것이 그리도 잘못한 일이냐고 묻고 싶은 것은 아니었을까?

죽을 때까지 춤을 추며 마감하는 삶이 정말 나쁜 삶인가? 우리는 무대 위에서 쓰러지고 싶다는 배우를 사랑하고, 죽을 때까지 펜을 손에서 놓지 않은 작가를 존경한다. 그런데 가난한 한 소녀가 불우한 처지 속에서 꿈을 향한 단 하나의 도구, 분홍신을 신고 춤을 출 때는 왜 그에게 손가락질을 한단 말인가.

한철 노래하며 사는 인생도
있어야 하지 않을까

개미와 베짱이

죽거나 뉘우치거나

내가 다니던 초등학교 담장에는 "일하면서 싸우고 싸우면서 일
하자"라는 구호가 커다란 페인트 글씨로 써 있었다. 1970년대
였다. 우리도 한번 잘살아 보자, 하는 것이 시대 정신이던 시절
이었다.

게으름과 태만은 우리의 적이었으며 근면과 성실은 최고의
선이었다. 그 시절 모든 학생들이 암송해야 했던 국민 교육 헌
장도 "길이 후손에 물려줄 영광된 통일 조국의 앞날을 내다보
며, 신념과 긍지를 지닌 근면한 국민으로서 민족의 슬기를 모아
줄기찬 노력으로 새 역사를 창조하자"라며 근면, 노력을 강조
하면서 끝을 맺지 않았던가.

그 시절 상상을 초월한 장시간 노동이 사회 전체적으로 가능

했던 것은 두 말 할 나위 없이 군사 정권의 막강 파워 덕분이었지만 그 체제가 무조건 힘으로만 유지될 수 있었을까? 사회 구성원 다수의 고개를 끄덕이게 할 만한 설득 논리 또한 필요했을 것이다. 그 설득 논리의 연장선상에 「개미와 베짱이」가 있다.

개미는 쉬지 않고 열심히 일했다. 무더운 여름에도 예외는 없었다. 그늘에서 바이올린을 연주하는 베짱이를 보고도 동요하지 않고 묵묵히 일했다. 이렇게 열심히 일한 덕분에 추운 겨울이 되어도 걱정할 필요가 없었다. 베짱이는 여름내 노느라 겨울에 대비하지 못했다. 겨울이 되자 살아갈 길이 막막해졌다. 추위와 굶주림에 떨며 초라한 모습으로 개미네 집 문을 두드린다. 도와달라고.

개미는 어떻게 했더라? 베짱이는 어떻게 되었지? 어떤 책에서는 개미가 문을 열고 베짱이를 따뜻하게 맞아 주면서 앞으로 '열심히 살라'라는 충고를 하자 베짱이가 참회를 했다고도 하고, 또 어떤 책에서는 개미가 문을 열어 주지 않아 베짱이가 추위와 굶주림으로 죽게 되었다고도 한다. 어떤 식의 엔딩이건 간에 중요한 것은 개미는 좋은 편이고 베짱이는 나쁜 편이라는 것. 좋은 편 개미는 승리하고 나쁜 편 베짱이는 패배한다. 죽거나 뉘우치거나.

지금은 베짱이의 세상인가?

이제 세상에는 베짱이를 찬양하는 사람들도 많아졌다. 우리에게는 밥도 필요하지만 노래도 필요하다. 베짱이는 놀고 있었던 것이 아니라 예술 활동을 하고 있었던 것이다. 베짱이의 연주 덕분에 개미들은 일을 하며 시름을 잊지 않았던가. 베짱이의 연주로부터 즐거움을 얻었으니 개미들은 마땅히 베짱이에게 겨울을 날 보금자리와 양식을 제공해 주어야 한다는 주장이 지지를 얻게 되었다. 세상이 변한 듯하다.

하지만 세상이 그렇게 쉽게 변하겠는가. 우리는 여전히 개미의 세상에 산다. 아래에 질문이 하나 있다. 무언가를 증명한답시고 문제부터 들이대는 폼이 지나치게 선생스럽지만, 안심하시라. 이 문제에는 정답이 없다. 게다가 찍기도 가능한 객관식이니 논술 시험에 전혀 대비되어 있지 않은 당신도 수월하게 답할 수 있다. 다음 물음에 답해 보자.

> 만약 일을 안 해도 좋을 정도로 충분한 돈을 얻는다면
> 그래도 계속 일을 하고 싶은가?
> ① 예. 생활 수준을 더 높이기 위해
> ② 예. 일이 돈 이상의 의미가 있으므로
> ③ 아니오. 여가를 즐길 것.

강수돌의 『일중독 벗어나기』(메이데이, 2007)에 따르면 2003년부터 2005년에 이루어진 설문 조사에서 설문에 응답한 한국 노동자의 24.7퍼센트만이 일을 그만두고 여가를 즐기겠다는 뜻을 밝혔다. 나머지는 생활 수준 향상과 의미 있는 삶을 위해

일을 계속하겠다는 비장한 결의를 보여 주었다.

『일중독 벗어나기』에서 한국, 미국, 일본, 독일 등 4개국 노동자를 대상으로 같은 질문을 했더니 일을 그만두고 여가를 즐기겠다고 답한 사람은 한국 24.7퍼센트, 일본 10.4퍼센트, 미국 59퍼센트, 독일 43.1퍼센트라는 결과가 나왔다고 한다. 생활이 보장되어도 일을 하겠다는 사람이 열에 일곱이 넘는 세상에서 생활도 보장되어 있지 않은데 깽깽이나 연주하고 있는 베짱이를 정말 진심으로 옹호할 수 있겠는가. 여전히 개미의 세상이다.

베짱이의 삶을 지지하지만……

개미의 세상에서 베짱이 지지자들의 이야기는 조심스럽게 들여다보아야 한다.

베짱이처럼 사는 삶도 가능하겠지만, 손가락질하지는 않겠다. 하지만 몇 가지 전제가 있다.

첫째, 내게 피해를 주지 않는 선에서 그렇다. 베짱이가 추운 겨울 도움을 구하기 위해 두드릴 문이 내 집 현관문이 아니어야 할 것이다. 나는 겨울을 위해 양식과 땔감을 모아 놓았지만, 그건 나와 우리 가족을 위한 것이다. 내가 베짱이를 위한답시고 가족을 위한 양식을 탕진한다면 그것은 무책임한 행동이다.

둘째, 그 베짱이는 나와 무관해야 한다. 내 가족 중에 베짱이가 있다면 문제는 달라진다. 내 자식이 그런 삶을 선택하는 것을 참을 수 있겠는가? 젊은 놈이 대책도 없이 취직할 생각도 안 하고 깽깽이나 껴안고 산다면 그때는 문제가 달라진다.

셋째, 베짱이도 베짱이 나름의 기여를 해야 한다. 예술가로서의 삶을 선택했다면 다른 사람들의 삶에 영감과 위안을 주는 예술 활동으로 기여를 해야 한다. 그런 기여를 하면 세상 사람들은 그를 알아봐 줄 것이고, 문화 산업이 하나의 산업 분야로 정착해 있는 요즘 세상에서는 오히려 돈과 명예 모두를 거머쥘 수도 있을 것이다. 그러면 그는 겨울날 개미네 집 문 앞에서 서성거릴 이유가 없다.

만약 그가 배고픈 예술가라면? 그건 그가 재능도 없는데 헛꿈을 꾸고 있기 때문이다. 빨리 정신 차리고 개미의 대열로 복귀해야 한다. 한마디로 베짱이도 아닌 것이 베짱이인 줄 착각하지 말고 꿈 깨란 말이다.

다시 말해 요즘의 세련된 개미 세상에서는 베짱이의 삶도 인정한다. 하지만 그것은 개미에게 피해를 주지 않거나, 개미와 무관하거나, 개미에게 기여하는 선에서만 그렇다.

그런데 이게 나쁜가? 개미의 삶이 뭐가 어떻다고? 열심히 일하고, 미래를 위해 저축하고, 남에게 피해 입히지 않고 살겠다는데 왜 시비를 거는가?

개미의 삶을 찬양하는 데에는 불순한 의도가 있다

개미의 삶은 나쁘다. 첫째, 그의 삶이 불순한 목적으로 찬양되

고 있기 때문에 나쁘다. 왜 개미와 베짱이의 우화가 우리 사회에 그토록 널리 퍼졌겠는가? 노동을 찬양하고 게으름을 죄악시하는 것은 산업화를 겪는 모든 사회에서 나타나는 공통된 모습이다.

1834년 영국에서 개정된 구빈법救貧法은 이름만 보면 빈민 구제를 위한 법 같지만 사실은 게으름 추방법이었다. 이 법은 떠돌아다니는 민요 가수 등 연예인들을 범죄자로 취급했다. 한군데 진득하게 정착해서 매일매일 정해진 일을 하지 않는 이들은 살 곳을 잃게 된 것이다.

이렇게까지 한 이유가 뭘까? 당연히 사람들이 일하기보다 놀기를 더 좋아했기 때문이다. 그런데 왜 모두가 열심히 일을 해야 했을까?

사회에는 일 안 하고 놀고 먹으면서도 당당한 사람들이 있다. 이들을 유한계급이라 한다. 유한계급들이 더 풍족하게 살기 위해서는 더 많은 잉여가 생산되어야 하는데, 기껏 생산된 잉여가 노래나 부르면서 이 마을 저 마을로 떠돌아다니는 건달들을 먹이고 재우는 데 쓰인다면 분통 터질 일 아니겠는가? 게다가 그 건달들이 마을에 오면 마을 사람들 모두가 일할 생각은 안 하고 놀자판이 벌어지니 그 또한 답답한 노릇이고. 그러니 게으름을 범죄 취급하고 죽어라 일하는 것을 천국에 가까이 가는 미덕이라 설파할밖에.

우리에게도 산업화 과정에서 유사한 일들이 있지 않았던가? 선량한 사회 풍속을 정착시키기 위해 성인들의 머리 길이며 치마 길이를 단속하기도 하고, 집에서 술 담가 먹지 못하게 하고, 농한기에 푼돈 놓고 벌이는 화투판을 도박으로 처벌하기도 하면서, 반듯한 노동 생활을 찬양하지 않았던가. 개미의 삶에 대한 찬양은 이 시절에 유포된 것이다.

그러니 개미들이여, 내 원래 의도는 그런 게 아니었다고 말하지 말지어다. 개미의 선량한 노동이 오직 개미의 선량함에서 출발했다 하더라도, 그 노동의 의미가 더 많은 이들을 노동에 참여시키고 이들의 노동을 착취하기 위해 사회적으로 재해석되고 배치되었다면 이미 문제가 있는 것이다.

개미의 부지런함은 욕심 때문이다

개미의 삶이 나쁜 이유는 두 번째로, 개미의 근면이 욕심에서 비롯되기 때문이다.

원래 「개미와 베짱이」 우화에는 개미가 한때 이웃을 시샘한 나머지 그의 곡식을 훔친 농부였다는 이야기가 함께 있었다고 한다. 화가 난 제우스 신은 그 농부를 개미로 둔갑시켜 버렸다. 이솝은 계속해서 이야기한다. "그의 형체는 변했지만 특성은 변하지 않았다. 그는 여전히 들판을 돌아다니며 다른 사람의 밀과 보리를 모아 자신을 위해 비축하고 있는 것이다."

만약 우리가 수렵 채취 사회에 살고 있는데 미래에 대비한답시고 당장 먹을 것도 아니면서 눈에 보이는 나무 열매란 열매는 죄다 따 모아 놓는다면 어떤 일이 벌어질까? 먹을 것을 구하지 못해 굶어 죽는 누군가가 생겨날 것이고, 따 놓은 나무 열매도 다 먹지 못해 썩어 버릴 것이다. 미래에 대비하여 열심히 일한 누군가는 사실은 이웃이 먹을 과일을 자신을 위해 (자신도 다 쓰지 못하면서) 비축한 것일 뿐이다.

지금은 수렵 채취 사회가 아니니 해당되지 않는 얘기일까? 우리는 미래를 위해 무엇을 비축할 수 있을까? 쌀? 김치? 우리가 비축할 수 있는 것은 돈뿐이다. 그런데 미래를 위해 얼마만큼의 돈을 비축해야 안심이 될까? 1억? 10억? 100억? 오늘의 소비에 필요한 돈은 한계가 있지만, 내일을 위한 돈에는 한계가 없다. 얼마를 모아도 미래는 늘 불안하고, 그러니 모을 수 있는 한 계속 모아야 하는 것이다. 더욱 안 좋은 것은 대부분의 경우 우리는 아무리 열심히 일해도 충분히 모을 수 없는 현실에 갇혀 있다는 것이다. 오늘의 굶주림을 해결하기도 바쁜 이들이 더 많다.

개미는 미래를 위해 현재를 버렸다

개미의 삶이 나쁜 이유 세 번째는, 개미가 미래를 위해 살기 때문이다. 미래를 위한 삶은 오늘의 행복을 갉아먹는다. 미래를 위해 사는 게 뭐 어떻기에 그러냐고?

2학년 학생들에게 「경제」를 가르치다가 학급에서 한두 명 정도는 1학년 겨울 방학에 미리 고등학교 경제를 끝내고 올라온다는 사실을 알게 되었다. 영어와 수학 공부에 온 나라가 매진하고 있는 현 시국에서 경제처럼 보잘것없는 과목에도 그처럼 과분한 관심을 보여 주니 정말 황송하기 그지없기는 하다. 그렇게 미리 경제 공부를 챙겼다는 것은 이미 할 수 있는 것은 다 해 놓았다는 뜻이기도 할 터였다. 그러니 놀랄밖에.

요즘 아이들은 뭐든지 미리 한다. 초등학교 입학 전에 초등학교 공부를 시작하고, 초등 고학년이 되면 중학 대비를, 중학생이 되면 고등학교 대비를 한다. 준비 시기도 점점 빨라지고 있다. 다음 학기에 배울 것을 이번 방학에 미리 공부하는 것은 선행 학습이라고 할 수도 없는 수준이다.

선행 학습 열풍을 선도하는 것은 단연 영어이다. 뱃속에서부터 영어 태교를 시작하여 걸음마와 함께 영어 공부를 시작하는 아이들 얘기처럼 영어 공부와 관련해서는 괴담도 정말 많다. 가장 최근에 접한 영어 괴담은 C학원 괴담이다.

'쉬운 영어' 학원에 아이를 보내고 있던 한 엄마에게 다른 엄마가 충고해 주었다. 그런 학원에 계속 보내면 애 영어 완전 망친다고. 그러면서 추천해 준 C학원. 일주일에 두 번 하는 C학원의 수업에 맞추어 숙제를 하려면 하루 네 시간이 걸린다고 한다. 원래 그 정도는 해야 하는 것이라고. 이제 아이는 초등 4학년. 고학년이니 마냥 어린애처럼 놀 수는 없지 않느냐고. 직장을 다니는 '쉬운 영어' 엄마가 "저는 하루에 네 시간씩 아이 숙제를 봐 줄 시간이 없어요"라고 걱정한다. 그러자 곧바로 되돌아오는 처방. "원래 집에 있는 엄마도 그런 거 못 해. 애랑 사이만 나빠지거든. 숙제 봐 주는 새끼 선생님을 둬야지." 헉!

이 학원에 들어가기 위해서는 돈을 내고 레벨 테스트까지 받아야 하는데 그것도 대기자 명단에 올려놓고 한참을 기다려야 한단다.

왜 다들 미리 공부를 할까? 하나같이 돌아오는 대답은 그래야 아이가 상급 학교에 진학해서 조금이라도 편해진다는 것이다. 정말 그럴까?

내가 보기에 선행 학습을 하고 상급 학교인 고등학교에 진학한 아이들은 조금도 편해 보이지 않는다. 상급 학교에서 조금이라도 고생을 덜하기 위해서 미리 공부한다는 것은 참으로 이상한 전략이 아닐 수 없다. 상급 학교에서도 고생스러울 과정을 더 어린 나이에 당겨서 공부하는 것은 얼마나 힘든 일인가.

한창 자라는 나이에는 한 해 한 해가 다르다. 공연히 나이만 먹는 게 아닌 것이다. 자라서 하면 수월하게 끝낼 수 있는 일을 미리 하느라고 몇 배의 고생을 하기도 한다.

그런데도 우리 사회는 자꾸 앞당겨 살기를 권한다. 그래서 우리는 더 바빠진다. 과정을 앞당겨 공부하려다 보니 아이들 앞에는 늘 가야 할 길이 멀다. 하루 네 시간씩 투자해야 따라갈 수 있는 학원의 교육 과정을 소화하려면 아이들은 엄청나게 바쁜 일과를 보내야 한다.

우리 모두 잘 알고 있듯이 공부를 잘하려면 책을 많이 읽어야 한다. 충분한 독서로 다져진 탄탄한 언어 능력(한국어 능력!)은 모든 공부의 기본이다. 빈곤한 언어 능력은 상급 학교에 진학할수록 아이의 발목을 잡는다. 영어 공부를 제아무리 많이 해도 외국어로서 영어를 학습하는 아이들의 영어 능력이 모국어인 한국어 능력을 앞서갈 수는 없다. 그런데 아이들은 독서를 즐기기에는 너무 바쁘다.

개미는 안전만을 추구한다

개미의 삶이 나쁜 네 번째 이유는 개미가 안전한 삶만을 바라기 때문이다.

세상 어떤 선택을 하든 대가가 따르기 마련이다. 안전한 삶의 대가는 도전 없는 삶이다. 베짱이는 도전으로 가득한 위험도 높은 일을 선택했다. 당연히 그의 미래는 불안하다. 하지만 베짱이는 삶의 한 시기를 온전히 자기가 원하는 일에 바쳐 충만함을 얻었다. 인류는 모두 이렇게 삶의 한 시기를 온전히 자기가 원하는 일에 바친 사람들, 도전하는 사람들에게 빚지고 있다.

모차르트가 노년의 안정된 삶을 보장받기 위해 충실한 궁정 악사로 살았다면? 체 게바라가 다가올 겨울의 굶주림이 두려워 병원을 개업하고 소화 불량이나 감기 환자에게 처방전이나 발급하면서 살았다면? 그 어떤 상상도 이보다 희극적이면서 동시에 비극적이지는 않으리라.

그러나 베짱이가 모차르트도 아니고 체 게바라도 아니라면? 그저 철모르는 게으름뱅이에 불과하고 개미들에게 아무것도 기여한 것이 없다면? 그럴 수도 있을 것이다. 그는 재능도 없으면서 설치고 있을 수도 있고, 대열을 승리로 이끌 능력도 없으면서 무모하게 목소리를 높이고 있는 것일 수도 있다. 하지만 누가 알겠는가? 이들이 어떤 일을 할지. 앞으로 어떤 인물이 될지.

우리는 폐를 끼치고 은혜를 베풀며 살아간다

가난한 화가가 있었다. 어찌어찌 그의 어려운 처지를 알게 된 이웃 농부가 약간의 돈을 융통해 주어 그는 끼니와 그림 재료를 장만할 수 있었다. 고마운 마음에 그림 몇 점을 가지고 농부를 찾아가 지금은 별 볼 일 없지만 앞으로는 비싸게 팔릴 수도 있는 작품이니 받아 달라고 했다. 자비심 많은 농부는 거절했다. 그냥 선의로 한 일이니 그림은 도로 가져가라고. 내게는 그 그림이 필요 없다고.

공짜로 주겠다는 그림마저도 거절당했던 이 '가난한 화가'는 누구일까? 바로 빈센트 반 고흐이다. 그는 한 번도 농사를 지어본 적이 없고, 공장에서 일하지도 않았다. 동생에게 빌붙어 살면서 오직 그림만 그렸다. 그 시절 아무도 그를 알아주지 않았다. 하지만 오늘 어떤 개미가 고흐 베짱이를 손가락질할 것인가.

누구에게도 폐를 끼치지 않고 살기란 불가능하다. 우리는 누군가에게는 폐를 끼치고 누군가에게는 은혜를 베풀면서 그렇게 살아간다. 개미와 베짱이도 서로에게 폐도 끼치고 은혜도 입으면서 살아가야 하지 않을까? 그리고 우리 사는 세상이 살 만한 곳이 되려면 한철 노래하며 사는 인생도 있어야 하지 않을까?

제3장 ── **지혜의 마을**

세 번째 지혜의 마을에는 백설공주, 신데렐라, 잠자는 숲속의 공주, 라푼젤, 그리고 미녀와 야수를 불렀다. 이들의 삶을 통해 우리가 사는 세상의 진짜 모습을 보고 싶었다. 왜 왕자는 하필 신발을 동원해서 신데렐라를 찾았는지, 공주가 진짜 잠에 빠진 이유는 무엇이며 어떻게 잠에서 깨어났는지, 라푼젤은 왜 그토록 지독하게 머리카락을 길렀는지, 왕자로 변해 버린 야수를 미녀는 계속 사랑할 수 있었는지. 이 마을에는 관계 맺기에 서툴고, 그래서 불행한 이들이 살고 있다.

백설공주는 왜 자꾸 문을 열어 줄까

백설공주

왜 백설공주는 어리석은 짓을 반복할까?

왜 백설공주는 실수를 통해서 배우지 못할까? 그녀는 방물장수 할머니로 변장한 심술궂은 왕비를 집 안으로 끌어들여 빨간색 허리띠를 구경하다가 숨통이 조여 기절하는 변고를 당한 지 며칠 되지 않아 또 다른 장사꾼을 집 안으로 끌어들인다. 이번에는 보석이 박힌 예쁜 빗이다. 결국 빗으로 머리를 빗겨 주겠다는 변장한 왕비의 잔꾀에 넘어가 다시 위기에 빠진다. 두 번이나 그녀의 목숨을 구한 난쟁이들이 "절대로, 절대로" 아무도 집 안에 들이지 말라는 충고를 하지만, 결국 또 한 번 낯선 방문자를 집으로 들인다. 결과는? 누구나 안다. 백설공주는 독이 든 사과를 먹고 죽을 고비를 맞는다.

위기가 백설공주를 왕자에게로 인도하기에 백설공주의 실수

투성이 어리석음은 독자들의 기억에서 묻혀 버리지만, 나는 궁금했다. 왜 백설공주는 그토록 당하고도 다시 낯선 이를 집으로 끌어들이는 어리석은 짓을 반복하는 것일까? 겨우 허리띠나 머리빗, 사과 같은 하잘것없는 것들 때문에 곤경에 처하는 백설공주의 그 어쩌지 못할 허영에 혀를 차기도 했다.

백설공주는 외로웠던 거야

많은 세월이 흐른 뒤에야 나는 백설공주의 어리석음을 조금은 이해하기 시작했다. 백설공주는 외로웠던 것이다. 난쟁이들과 함께 살게 된 백설공주의 하루는 어땠을까? 그는 난쟁이들이 일터로 나간 사이에 집안일을 한다. 혼자서. 저녁에 돌아온 난쟁이들은 하루의 힘든 육체 노동을 마치고 일찍 잠자리에 들 것이고……. 그리고 백설공주는 또다시 혼자서 밤을 보냈겠지.

백설공주는 외로웠을 것이다. 외로움은 난쟁이들이 백설공주에게 얼마나 잘해 주었나와는 관계가 없다. 친구 없이, 친밀한 경험을 공유한 사람과의 교류 없이 지내는 백설공주의 일상을 생각해 보라. 그러니 아무리 위험이 입을 벌리고 있다 해도 백설공주는 열 번 스무 번 문을 열 수밖에 없었을 것이다. 비록 목숨이 담보된 일이라 하더라도 눈앞의 유혹이 너무 컸으리라.

언젠가 가고 싶은 콘서트 티켓 두 장을 선물로 받은 일이 있었는데 문득 함께 갈 친구가 없다는 것을 깨닫게 되었다. 마치 제주도의 근사한 해안 도로를 신나게 달리다가 그 길이 방파제

를 끝으로 뚝 끊겨 있는 것을 발견할 때의 느낌과 같았다. 뚝. 뚝. 뚝. 그 옛날의 절절한 관계들이 내 수첩에서 빛이 바래고 있는 것을 나 혼자만 몰랐던 것이다. 그 충격으로 엉킨 실타래처럼 하루를 보내면서 나는 백설공주를 생각했다. 왜 백설공주는 낯선 이에게 계속 문을 열어 주었을까? 그 마음을 이제는 알 것도 같다. 그 지독한 정신의 허기를.

아이를 두고도 외롭다면 그건 내 잘못 아닐까?

백설공주의 어리석음에 분통을 터뜨리는 대신 그 외로움에 공감했던 것은 아이를 키우느라 육아 휴직을 선택했을 때이다. 내게는 언제든 부르면 도와주러 와 주시는 친정어머니와 시어머니가 있었고, 육아의 책임을 주도적으로 함께하는 남편도 있었다. 그러니 혼자서 고군분투하는 다른 많은 아기 엄마들에 비해 조건이 훨씬 좋은 편이었다. 하지만 그렇다고 해서 그 시절이 힘들지 않았다고는 말할 수 없다. 이렇다 할 의미 있는 대화를 나누지 못하고 보내는 하루는 사람을 지극히 건조하게 만들어 버린다. 내 영혼은 가을날 나뭇잎처럼 바싹바싹 말라 가고 있었다.

대화 부족에서 오는 외로움과 함께 내 영혼을 좀먹은 것은 그 상황을 힘들어하고 있다는 사실 그 자체였다. 내게는 무언가 중대한 결핍이 있는 게 틀림없다는 생각을 아니할 수가 없었다. 이렇게 사랑스러운 아이의 엄마가 되었는데 왜 나는 그 사실 자체만으로 충분히 행복해지지 못하는 것인가. 나는 엄마 자격이 없는 인간은 아닐까. 힘들다고 느낄 때마다, 외롭다고 느낄 때마다 나의 모성에 대한 의심이 몰려왔다.

　문명화된 사회 전반에 확산된 '모성애' 신화는 아이를 키우는 엄마로 하여금 감히 '육아가 너무 지겹다'라는 생각을 인정하는 것조차 금기로 한다. 그러니 몸의 피로는 물론이고 정신적 결핍에 대해서도 감히 말하지 못하는 것이다. 대체로 비슷한 나이에 결혼해서 아이를 낳는 우리 사회의 표준 인생 시간표에 따르면 친구들도 모두 비슷한 처지에 놓여 있을 것이고, 그래서 친구를 만나기도 어려우니 아이를 키우는 엄마들은 아이와 함께 집 안에 유폐되어 버리고 마는 것이다.

방문 판매 사원이 집에 갇힌 나를 구하러 오다

이 유폐 상황이 가져오는 문제는 두 가지인데, 하나는 모성에 대한 불안을 덮기 위해 아이의 교육에 전념하게 되는 것이고, 다른 하나는 관계의 부족을 해결하기 위해 지갑을 여는 것이다. 그리고 이 두 가지 문제를 동시에 해결해 주는 마법사 같은 존재가 바로 어린이 교재 방문 판매 사원이다.

　육아를 전담하며 가정을 지키는 많은 여성들이 엄청난 가격의 어린이 교재를 세트로 구입한다. 판매 사원들은 댁의 아이가 앞서 가려면 이 정도는 장만해 주어야 한다고 유혹한다. 그들은 아이를 키우는 엄마의 가장 약한 고리('내가 아이를 잘 키우고 있는 것일까?' '나는 좋은 엄마일까?')를 효과적으로 공략한다. 그들은 "당신의 무관심이나 무지 때문에 아이에게서 성장의 기회를 박탈할 것인가?"라고 불안해하는 엄마들에게 묻는다.

방문 판매 사원이 교재를 가지고 아이에게 교육을 하는 시연 장면에서 그들의 마법은 정점을 이룬다. 아무것도 모르는 줄만 알았던 아기는 방문 판매 사원이 동화책을 읽어 주자 귀 기울여 듣기도 하고 나무 블록으로 뭔가를 만들면 그 일에 동참하면서 관심을 보인다. 알고 보니 내 아이는 천재였던 것이다! 그러니 사야지. 천재를 낳았는데, 내가 그냥 방치해서 보통 아이로 만들어 버린다면 나는 씻을 수 없는 큰 잘못을 저지르는 거야.

하지만 엄마들이 책을 사는 보다 근본적인 이유는 외롭기 때문이다. 방문 판매 사원은 언제나 친절하게 나에게 말을 걸어 준다. 바쁘고 지친 내게 커피 한잔의 여유를 선사하고, 좋은 말로 내 영혼을 어루만져 준다. 백설공주가 죽음의 위험 앞에서도 문을 열어 주듯, 아이와 함께 집 안에 유폐된 엄마들은 관계의 결핍과 정신적 허기를 어떻게든 채워 보려고 지갑을 연다.

문을 열고 나가서 친구를 사귈 수도 있었을 테지만

지금 생각해 보면 나는 아기를 안은 채로 문을 열고 밖으로 나가 친구를 찾을 수도 있었을 것이다. 옆집에도 아이를 키우는 엄마가 있을 것이고, 그러니 그도 나처럼 친구가 필요했을 터였다. 내가 손을 내밀면 친구가 되어 줄 이들도 많았을 것이다. 누군가는 내가 내민 손을 반갑게 잡아 주었을 것이다. 그때 나는 그저 문을 열고 밖으로 나가기만 하면 되었다. 그런데 왜 나는 친구를 사귈 생각을 하지 못했을까?

그건 내가 공부만 하는 바보로 자라 일만 하는 바보로 살았기 때문일 것이다. 학교, 직장, 모임과 같이 정해진 틀 안에서 비슷한 관심과 비슷한 삶의 패턴을 가진 사람들과만 관계를 맺어 왔던 나는 그 외의 관계를 상상하는 능력 자체를 갖지 못했던 것이다.

친구 사귀기에 어려움을 느끼는 것은 어른인 나만의 문제는 아니다. 요즘 아이들은 친구를 사귀는 데 나보다 더 많은 고초를 겪는 것 같다. 특히 요즘 아이들은 부모에 의해 시간을 관리당하며 자라난다. 이 아이들은 마음대로 쓸 수 있는 시간 자체를 가져 본 경험이 별로 없고, 시간이 남아돌아 심심해서 몸이 꼬였던 경험도 없다. 그러니 진득하니 친구를 사귈 여유를 갖기 어려운 것이다.

주도적으로 만나고, 만나서 할 놀이를 정하고, 그 과정에서 다툼을 조정하고, 상대방을 참아 내면서 친구와 함께 만들어 나가는 진정한 기쁨의 시간을 경험해 보지 못한 아이들은 친구를 사귀는 데 서툴다. 친구를 사귀면 뭐가 좋은지도 잘 모른다. 제대로 된 놀이를 하기에는 시간도 없고, 관계를 맺는 능력도 부족하다. 그래서 요즘 초등학생들은 모여서 각자의 게임기로 논다. 고등학생들은 PC방에 모여서 각자 게임을 하거나 노래방에서 각자 노래하며 논다. 그리고 관계 맺기가 힘겨운 아이들은 너나없이 말한다. "차라리 집에서 혼자 노는 게 편해요." 그래,

편하지. 하지만 편안함이 다는 아니거든.

관계가 결핍된 자리는 소비로 채워진다

아이 엄마들에게 많은 친구가 있다면, 그를 둘러싼 수많은 관계
망들이 살아 있다면, 아마도 많은 사업체들이 도산할 것이다.
가끔씩 필요한 물건은 서로 빌려 쓰고 돌려쓰면서 해결할 수 있
을 것이다. 그렇게 되면 한순간 필요한 육아 용품에 그만큼 많
은 돈을 들이지 않아도 된다. 또 필요할 때 아기를 봐 주며 서로
에게 시간을 벌어 준다면 아기 엄마들은 영혼을 달래는 일에 자
기 시간을 쓸 수 있을 것이다. 영혼이 풍요로워지면 정신의 허
기를 메우기 위해 인터넷 쇼핑에 매달리는 일도 줄어들겠지. 아
이를 다 키운 나이 많은 친구가 생기면 지금 내가 안고 있는 여
러 가지 걱정거리들이, 사실은 시간이 해결해 줄 문제라는 것을
일깨워 줄 것이다. '한글나라'가 없어도 아이들은 때가 되면 글
자를 깨칠 수 있고, '델타샌드'가 없어도 놀이터 모래밭에서 신
나게 놀 수 있다는 것을 알게 될 것이다. 그러면 우리 아이를 천
재로 만들어 주는 교재들을 세트로 사들이는 일의 어리석음도
함께 깨치겠지. 하지만 우리에게는 친구가 없다.

　현대 사회에서 관계가 결핍된 자리는 소비로 채워진다. 예전
에는 관계가 해결해 주었던 많은 일들을 돈으로 해결한다. 아버
지가 아들에게 축구를 가르쳐 주던 시절은 끝났다. 아이들은 돈
을 내고 축구 교실에 등록한다. 아버지는 바쁘고 아이들은 보다

'전문적인' 교육을 받는 것이 효율적이라고 보기 때문이다. 그러나 그 이면에는 축구 교실 보낼 돈을 벌려면 부모가 더 바빠져야 하고, 바쁘다 보니 관계는 더 많이 결핍되는 악순환이 도사리고 있다.

관계의 결핍이 소비로 이어지는 일들은 우리의 삶 구석구석에서 발견된다. 예를 들어 우리에게는 왜 계속 새 옷이 필요한가. 옷장에는 옷이 차고 넘치는데 왜 또 새 옷을 사고 싶을까? 멋진 새 옷의 용도는 두 가지이다. 누군가에게 잘 보이기 위해서. 그리고 내가 만족스럽기 위해서.

좋은 친구가 있다면 새 옷도 필요 없다

누군가에게 잘 보이기 위한 새 옷의 용도를 생각해 보자. 멋진 새 옷을 차려입고 잘 보이고 싶은 상대는 누구인가? 나와 알고는 지내되 그 관계의 깊이가 부족한 경우 아닐까? 우선 생판 모르는 이, 나와 전혀 관계없는 이에게 잘 보이고 싶을 리는 없을 것이다. 그리고 나를 진정으로 뼛속까지 잘 아는 사람과 마주할때도 멋진 새 옷은 필요 없다. 진짜 친구는 내 옷이 아니라 나를 볼 테니까. 내가 무릎 나온 바지를 입고 있어도, 보풀이 올라온 낡은 스웨터를 입고 있어도, 십 년째 같은 외투를 입고 그 친구를 만나도, 그 친구는 옷이 아니라 나를 봐 줄 것이다.

내가 만족스럽기 위한 경우는 어떤가? 진정 행복감으로 충만해 있다면 구태여 새 옷은 필요 없다. 나는 이미 행복 자체로 빛나고 있을 것이고, 한 걸음 더 나아가 생각해 보면 그런 나에게 는 거울이 필요하지 않을 것이다.

그러니 좋은 친구가 있고 내 영혼이 충만해 있다면 내게는 새 옷이 필요 없다. 상표 값으로 한 재산 털어야 하는 비싼 새 옷은 더더욱 필요가 없다. 그런데 내게는 관계가 결핍되어 있다. 그 러니 지갑을 연다.

문제의 심각성은 이 결핍이 아이들에게도 이어진다는 것이 다. 내가 가르치는 고등학생들에게 경제 수행 평가로 '돈 없이 살아 보기' 체험을 해보게 하였더니 가장 큰 어려움이 돈을 쓸 수 없어 친구를 만날 수 없었던 것이라고 털어놓는다. 돈이 없 으면 친구도 못 만나는 것은 어른들의 얘기만은 아닌 것이다. 아이들은 부모의 삶을 복제하며 자라난다.

잦은 만남이 좋은 관계인 것은 아니다

무조건 만남이 많아진다고 해서 그것이 좋은 관계로 이어지는 건 아닌 것 같다. 육아 휴직 시절의 외로움이 준 교훈을 가슴에 새긴 나는 만남에 열중하기 시작했다. 주로 아이 친구 엄마들 과의 만남이 많았다. 그런데 어떤 엄마(결국 아이 친구의 '엄마'일 뿐 내 '친구'가 되지는 못했던)를 만나고 오면 마음 한구석에서 불 안이 자라났다. 특히 육아와 자녀 교육에 정통한 엄마들을 만나 고 올 때 그 불안은 강도가 높아졌다. 유능한 그들에 비해 뭐 하 나 아이에게 제대로 해주고 있지 않은 내가 심각한 직무 유기 상태로 느껴졌다. 같은 고민을 나누고 헤어졌는데 고민이 더 커져 버리는 것이다!

그건 우리가 속엣말을 나누고 온 것이 아니라 세상이 하는 이야기를 대신해서 떠들고 왔기 때문이었을 것이다. 방송이 하는 말, 인터넷이 하는 말, 광고가 하는 말들 속에 계속해서 나를 노출시키다 보니 어느 순간 그 말이 내 맘인 줄로만 알아 버린 것이다. 우리는 맘에 있는 말을 나누었다고 생각했지만, 사실은 남의 말을 나누고 돌아온 것이다. 그리고 그 남의 말의 핵심은 '돈을 써라'로 요약될 수 있다. 남이 한 말을 내 말인 줄 알고, 남이 내게 심은 욕망을 나의 욕망인 줄로 착각하면서 나누는 대화 속에서 불안이 싹트지 않는다면 그것이 더 이상한 일 아니겠는가.

관계를 갖되 좋은 관계에 대한 상상력도 함께 회복하는 일, 그것이 외로움에서 빠져나오는 길이다. 함께 나누어 좋을 이야기, 함께해서 좋을 일들을 맘껏 상상하고 실행에 옮기는 것. 좋은 관계 맺기에는 상상력이 필요하다. 밥을 나누어 먹는 상상력, 근심을 나누고 덜어 주는 상상력, 영혼의 허기를 함께 채워 나가는 상상력.

게다가 미국의 정치학자 로버트 D. 퍼트넘에 따르면 사회적 관계를 회복하는 일은 이런 고상한 이유들을 넘어서 아주 현실적으로 우리에게 이익이 된다.

사회적 자본이 개인들에게 혜택을 줄 수 있음을 인정한다면 동네, 심지어는 나라 전체에도 부의 창조에 기여할 수 있다는 사실은 전혀 놀랍지 않다. 이것은 여러 방식으로 이루어진다. 동네 수준에서 사회적 자본은 주택 소유자에게는 시장성이 높은 자산이다. 피츠버그의 연구는 다른 사정들이 동일한 경우 높은 사회적 자본을 갖춘 동네들이 사회적 자본이 낮은 지역보다 쇠퇴할 가능성이 훨씬 적다는 사실을 밝혀 주었다. 주민들이 투표에 적극 참여하고, 동네 단체를 활기차게 운영하며, 동네에 애착심이 더 깊고, 살기 좋은 동네로 아끼는 곳은 다른 사람들이 이사하고 싶어 하며, 따라서 집값이 비교적 높은 수준을 유지한다는 것이다. 주택 가격에 영향을 끼칠 수 있는 여러 요소, 예컨대 시내와의 거리, 인종적 구성, 주민들의 사회경제적 지위 같은 요소들을 모두 고려해도 사회적 참여의 긍정적 영향은 유지된다. 교훈은 분명하다. 주택 소유자들이 좋은 이웃으로서 활발히 활동할 때 스스로의 사회적 자본을 예치하고 있는 셈이다.

— 로버트 D. 퍼트넘, 『나 홀로 볼링』, 페이퍼로드, 2009, 534~535쪽

얼마 전 주말 오후 안양천변을 산책하다 족구를 하는 한 무리의 아줌마들을 보았다. 예사롭지 않은 족구 실력도 부러웠지만 족구팀을 결성할 수 있는 그들의 관계 능력은 더 부러웠다. 그 봄날 아름다운 것이 어디 벚꽃뿐이었으랴. 지갑보다는 마음을 연, 백설공주보다도 아름다운 족구 아줌마들, 홧팅!

왕비는 왜 자꾸 거울을 보았을까

백설공주

아름다움은 왕비의 힘이다

백설공주에서 가장 인상 깊은 것은 무엇일까? 숲속 난쟁이들을 제치고, 세상에서 가장 아름답다는 백설공주를 제치고, 공주를 살려 낸 멋진 왕자님의 키스를 제치고, 내게 가장 깊은 인상을 남긴 것은 왕비의 거울이었다. 나는 그 거울에 완전히 마음을 빼앗겼다. 무엇을 물어보든 항상 정확한 답을 주는 왕비의 요술 거울. 내게도 그런 거울 하나 있기를 소망하면서 집 안 곳곳의 거울들을 들여다보고 또 들여다보았었다. 그리고 나도 물어보았다. 때로는 마음속으로, 때로는 소리 내어.

왕비도 그랬을 것이다. 틈이 날 때마다, 조용한 순간이 올 때마다, 혼자 있을 때마다, 그렇게 물었을 것이다. "거울아, 거울아, 이 세상에서 누가 제일 예쁘니?" 그러면 왕비의 요술 거울은 대답했겠지. "왕비님, 왕비님이 이 세상에서 제일 예뻐요."

그런데 이상도 하지. 왜 왕비는 시도 때도 없이 자꾸만 거울에게 물었을까? 그것도 늘 똑같은 질문을. "거울아, 거울아, 이 세상에서 누가 제일 예쁘니?" 거울은 늘 같은 대답만 하는데. "왕비님, 왕비님이 이 세상에서 제일 예뻐요" 하고. 적어도 "백설공주님이 세상에서 제일 예뻐요"라는 대답으로 왕비를 불행에 빠뜨리기 전까지는 말이다.

왕비가 놓인 특수한 상황을 생각해 보면 거울의 대답이 왕비에게 주는 위안의 힘이 얼마나 컸을지를 짐작할 수 있다. 왕이 잘생겼다는 얘기는 동화책에서 눈 비비고 뒤져도 찾을 수 없고, 그들의 2세인 백설공주는 자라서 세상에서 가장 예쁜 여성이 되었으니 결국 백설공주의 아름다움은 어머니 왕비 덕분일 것이다. 왕비는 왕의 첫 번째 부인이 아니다. 아름다운 전 왕비는 백설공주를 낳은 뒤 죽었고, 요술 거울을 가진 왕비는 그 뒤를 이어 왕비 자리를 차지했다. 왕비라는 지위는 권세가 함께하는 자리이지만 참으로 덧없는 자리이기도 하다. 그 지위에 따르는 모든 좋은 것들을 결정하는 것은 왕비가 아니라 왕이다. 왕의 사랑과 관심이 유지되는 동안, 왕의 마음이 바뀌지 않는 동안, 딱 그동안만 왕비의 권세도 유지된다.

두 번의 결혼에서 모두 절세 미녀를 아내로 얻은 왕의 행적에 미루어 추정해 보자면, 왕은 아름다운 여자를 좋아한다. 왕비는 알고 있었던 것이다. 왕비의 자리를 얻을 수 있었던 것도 자신의 아름다움 덕분이고, 이 자리의 권세가 유지될 수 있는 날들도 아름다움이 유지되는 딱 그날까지라는 것을. 그러니 왕비는 요술 거울에게 묻고 또 물을 수밖에 없는 것이다. 내가 아직도 세상에서 가장 아름다운지를. 왕비의 아름다움을 100퍼센트 긍정해 준 요술 거울의 대답은 왕비에게는 지위에 대한 보장인 셈이다. 그러니 거울에 매달리는 왕비를 탓하지 말지어다.

아름다움은 거울 공주에게도 힘이다

학교에는 거울 공주들이 산다. 거울 공주들은 시도 때도 없이 거울을 들여다본다. 단순한 사각형 거울도 있지만 화려한 장식이 붙어 있는 공주 거울도 있고 저 거울로 얼굴이 다 보이기나 할까 싶게 작은 거울도 있지만 책상 위에 노골적으로 올려놓기에는 민망한 크기의 큰 거울도 있다. 수업 시간이건, 쉬는 시간이건 가리지 않는다. 수업 틈틈이 교사의 눈을 피해서 거울을 보기도 하지만, 친구들과 수다를 떠는 쉬는 시간에도 거울 공주의 시선은 거울에서 떨어지지 않는다. 책상 위에 교과서를 적당한 높이까지 쌓고 그 위에 거울을 올려놓아 편안하게 거울을 보는 생활의 지혜를 발휘하기도 한다.

거울을 보며 거울 공주들은 무엇을 할까? 대개는 아무것도 하지 않는다. 그냥 하염없이 보고 또 본다. 별반 표정 변화도 없이 오랜 시간 공을 들여 꼼꼼하게 뜯어본다. 그리고 틈틈이 얼굴을 다듬는다. 우선 비비크림을 듬뿍, 공들여 바른다. 시간마다 바르고 또 바른다. 셀로판 테이프를 절묘하게 잘라 눈두덩에 붙인다. 7교시 수업을 마치고 집에 갈 때쯤이면 진한 쌍꺼풀이 완성된다. 한 시간 내내 마스카라를 바를 때도 있다. 정말 메이크업 교본에서나 볼 수 있을 정도로 정교하게. 한 가닥 한 가닥 성의 있게. 마른 뒤 또 바르고, 마른 뒤 또 바르고. 그러니까 거울 공주들은 꼼꼼하게 거울을 보고 정성 들여 메이크업을 완성하는 것으로 하루를 보낸다.

이것은 결코 쉬운 일이 아니다. 우선 수업 시간 중에 거울을 들여다보는 것 자체가 어느 정도의 스킬을 요하는 일이다. 그냥 한 소리 듣고 말 때도 있지만 재수가 없으면 그 소중한 거울을 압수당하기도 한다. 게다가 화장으로 들어가면 요구되는 스킬은 한 단계 더 올라간다. 걸리면 끝장인 것이다! 그런 고위험을 감수하면서 거울 공주는 오늘도 거울을 보고 또 본다.

처음 발령을 받은 곳이 여자고등학교였다. 나는 학생들에게 수업 시간에 거울을 들여다보는 것이 얼마나 '비합리적'인지를 설명하곤 했다. 왜 초등학교 때는 남학생보다 우수했던 여학생들이 고등학생이 되면 뒤떨어지게 되는가? (그때만 해도 그랬다.) 여학생들은 거울 보느라 시간을 낭비하지만 남학생들은 그런 시간 낭비를 하지 않기 때문이다. 그러니 너희들도 거울 보지 말고 책을 봐라. 실력을 쌓아 성공을 거두면 같은 얼굴이라도 100배 아름다워 보인다. 그게 합리적인 시간 투자이다. 대충 이런 식의 설득이었던 것 같다.

이러한 설득 방식의 맹점은 공부하는 것보다 거울을 보는 것이 더 합리적인 투자라는 논리를 만나면 맥없이 무너진다는 데 있다. "선생님, 우리는요, 공부를 너무 못하기 때문에 공부해 봐야 소용없어요. 꼴찌 하는 거랑 꼴찌에서 2등 하는 거랑 뭐 큰 차이 있겠어요? 얼굴이라도 예뻐야 취직도 할 수 있고 시집도 잘 가죠. 예뻐서 성공한 애들 안 보이세요? 저는 이게 투자예요. 말리지 마세요."

이렇듯 거울 공주들이 거울을 보는 것은 투자 대비 효과라는 측면에서 합리적인 선택이다. 그러니 거울에 매달리는 거울 공주들을 탓하지 말지어다. 나는 거울 공주 앞에서 할 말을 잃었다.

언제나 내 말을 경청해 주고 내가 원하는 반응을 보여 준다면

그렇지만 이제 거울 보는 왕비에게서 다른 것이 보인다. 왕비가 요술 거울에 매달렸던 데에는 다른 이유가 있었던 것 같다. 왕은 젊고 아름다운 다른 여자에게 빠져 있을지도 모르고, 워낙 정무에 바빠 왕비와 대화를 나눌 시간 따위는 없었을지도 모른다. 또 따지고 보면 왕과 왕비의 사이 자체가 소소한 대화로 이어지는 사이는 아니지 않은가. 그런데 요술 거울은 다르다. 왕비가 질문하면 언제나 지체 없이 대답을 들려준다. 그것도 바람직한 대답을. 언제든 내 말을 경청해 주고 내가 원하는 반응을 보여 주는 존재란 얼마나 큰 위안이 되는가.

그런 역할이라면 왕비의 시중을 드는 아랫것들도 할 수 있지 않느냐고 할지 모르지만, 왕비는 바보가 아니다. 부리는 사람들이 왕비님이 가장 아름다우십니다, 라고 답할 때 그 말을 100퍼센트 믿을 수 있을까? 내가 저들의 목을 쥐고 있는데 어찌 내 비위를 거스르는 진실을 말하겠는가. 저들은 내가 듣고 싶은 말을 할 뿐이다. 그러니 그들의 말에 희희낙락하는 것은 어리석은 일일 뿐이라는 것을 왕비도 잘 알고 있다. 하지만 요술 거울은 다르다. 요술 거울은 거짓을 말하지 않는다. 그럴 이유가 없다. 요술 거울은 왕비에게 잘 보이지 않아도 이미 그 자체로 권능을 가지고 있기 때문이다. 요술 거울은 그런 존재이기 때문에 왕비에게 더 큰 기쁨을 준다. 내게 좋은 말을 할 필요가 없는데도 내게 좋은 말을 해주는 존재, 진실만을 말하는데도 내게 좋은 말을 해주는 존재, 정말 이보다 더 좋을 수는 없을 것이다.

거울에게는 거울 공주가 1순위이다

거울 공주도 거울에서 위안을 얻는다. 이것도 맘에 걸리고 저것도 신경 쓰이지만 전체적으로는 참 마음에 드는 얼굴이란 말이야, 거울을 보며 거울 공주는 생각한다. 눈이 조금만 더 크면 좋겠지만, 입술이 조금만 더 촉촉했으면 좋겠지만, 피부가 조금만 더 고왔으면 좋겠지만, 그래도 참 예쁜 얼굴이야, 그렇지 않니? 거울 공주가 거울에게 물으면 거울이 답한다. "맞아, 맞아. 넌 참 예뻐."

거울 공주는 학교에서 길고 지루한 시간을 보낼 힘을 거울에서 얻는다. 거울을 보면 기분도 좋아지고 시간도 잘 간다. 거울은 내가 언제 쳐다보아도 시선을 외면하는 법 없이 나를 보아 주고, 언제 청해도 항상 놀아 준다. 바빠서, 나보다 더 중요한 일이 있어서, 나를 외면하는 법도 없다. 내가 공부도 못하고 별 볼 일 없는 존재이기에 나보다 훨씬 잘나가는 애들을 쳐다보느라 나를 못 본 척하는 일도 없다. 거울에게는 내가 제1순위이다.

왕비에게도 잘못은 있지만, 이해도 된다

어느 날 거울이 같은 질문에 대해 다른 답을 한다. "왕비님도 예쁘시지만 백설공주님이 세상에서 제일 예뻐요." 왕비를 둘러싼 세상이 변한 것이다. 묻는 말에 대한 정직한 답이긴 하되, 그 답이 자신이 원하는 답이 아니었을 때 왕비는 더 이상 안전하지도 않고 행복하지도 않다. 아름다움으로 유지되던 왕비의 세상이 무너진 것이다.

백설공주가 아무리 예뻐도 왕의 딸이니까 왕비가 될 수 없고 그러니 왕비의 라이벌이 될 수 없는데도 왕비가 왜 그토록 백설공주를 미워하는지, 전에는 이해할 수가 없었다. 남자들은 "하여간 여자들이란⋯⋯" 하면서 비웃었지만 나는 뭔가 다른 이유가 있을 것이라 믿고 싶었다. 그런데 지금 생각해 보니 왕비가 백설공주를 죽이고 싶을 만큼 미워한 것도 당연하다. 백설공주는 왕비의 세계를 무너뜨린 것이다. 물론 공주로서는 전혀 의도하지 않은 바이지만 결과적으로 그랬다. 백설공주는 '나는 세상에서 가장 예쁜 사람'이라는 왕비의 자부심을 망쳤으며, 늘 듣고 싶은 대답을 해줌으로써 왕비를 행복하게 해주던 요술 거울과의 관계를 망쳤다. 요술 거울이 그런 듣기 싫은 소리를 왕비에게 한 것은 왕비가 싫어져서가 아니니까 잘못은 왕비보다 더 예쁜 백설공주에게 있는 것이다. 왜 감히 나보다 예쁜 거야! 과연 죽을 만하지 않은가.

왕비에게도 잘못은 있다. 왜 거울에게만 관계의 모든 것을 걸었을까? 거울에게 시시때때로 말을 걸듯 주변 사람들에게 말을 걸 수는 없었을까? 거울 앞에서 마음을 터놓듯 주변 사람들에게도 마음을 터놓을 수는 없었을까? 거울에게 먼저 다가갔듯 주변 사람들에게도 먼저 다가갈 수는 없었을까? 거울의 말을 100퍼센트 믿어 주었듯 주변 사람들의 말도 전폭적으로 신뢰해 줄 수는 없었을까?

아마 어려웠을 것이다. 거울과는 달리 사람들은 왕비가 말을 걸어도 외면할 수 있고, 마음을 열었을 때 뒤에서 손가락질을 할 수도 있으니까. 먼저 다가갔어도 이용만 당할 수도 있고, 100퍼센트 믿어 준 결과가 '믿는 도끼에 발등 찍히는' 것으로 나타날 수도 있으니까. 요술 거울과 사귀는 것은 사람과 사귀는 것보다 안전하니까. 안전을 택해도 행복할 수 있는데 구태여 더 행복해지겠다고 모험을 감행할 필요는 없다고 왕비는 생각했을 것이다.

하지만 거울은 거울일 뿐 사람의 자리를 대신할 수는 없다. 그 무엇도 사람과 사람 사이에 오고 가는 온기와 애정이 담긴 대화를 대신할 수는 없다. 사람과의 관계에서 위험을 겪는 모험을 피해 안전한 거울의 방으로 숨은 왕비에게 파멸이 닥친 것은 당연한 결과일지도 모르겠다. 우리에게는 '회피하지 않고 직면하기'가 필요하다.

회피하지 말고 직면하라

모든 인간은 한계와 모순을 가진 불완전한 존재인데, 그가 성장하기 위해서는 자신의 불완전성을 회피하지 않고 직면하는 단계를 필수적으로 거쳐야 한다. "지혜 있는 사람은 옳고 그름에 대해 두 마음을 갖지 않고, 자비로운 사람은 미래를 결코 걱정하지 않으며, 용기 있는 사람은 두려워하지 않는다"라는 공자의 말을 여기서 떠올려 볼 수 있다.

『해리 포터와 마법사의 돌』에서 해리 포터가 호그와트에 있는 외딴 교실에서 소망의 거울을 우연히 발견하고 한동안 거울의 방에 빠져 정신을 못 차리고 있을 때 덤블도어 교장 선생님은 해리포터가 거울의 방에 출입하지 못하도록 한다. 해리 포터는 간절히 묻는다. 왜요? 거울의 방은 제게 행복을 줘요. 엄마 아빠를 보여 준다고요. 왜 제가 행복해지는 것을 막나요? 교장 선생님이 답한다. 거울의 방은 네가 보고 싶은 것만 보여 주기 때문에 금지하는 것이라고. 그것은 네게 좋지 않다고. 현실은 그와는 다르다고. 교장 선생님은 "거울 앞에서 꿈을 꾸며 시간을 헛되이 낭비하지 말라"라고 경고하고 거울을 치운다.

그것(소망의 거울)은 우리 마음속 깊은 곳에 있는 소망, 바로 그것을 보여 준다. 넌 네 가족을 전혀 알지 못했으므로 네 주위에 그들이 서 있는 것을 보았고, 론 위즐리는 항상 형들에게 가려져 있었기 때문에 형들보다 더 잘되어 혼자 우뚝 서 있는 모습을 본 거지. 그러나 이 거울은 우리에게 지식이나 진실은 보여 주지 않는단다. 사람들은 이 거울이 보여 주는 게 진짜인지 혹은 심지어 가능한지조차도 알지 못한 채, 자신들이 본 것에 넋을 잃거나 미쳐서, 이 거울 앞에서 헛되이 시간을 보냈지. (…) 그러니 이것을 다시는 찾지 말라고 부탁하고 싶구나. 그리고 만일 이 거울을 다시 보게 된다면 어떻게 해야 할지 알 게다. 꿈에 집착해서 현실을 잃어버리는 것은 좋지 않은 일이라는 걸 기억하기 바란다.

— 조앤 롤링, 『해리 포터와 마법사의 돌』(2권), 문학수첩, 1999, 79쪽

철학자 로버트 노직은 "어떤 삶이라도 선택해서 경험할 수 있게 해주는 일종의 가상 현실 기계, 즉 경험 기계를 그려 보라"라고 권하면서 "경험 기계에 정말로 접속하고 싶은가?"라고 묻는다. 그는 우리가 경험 기계를 선택해서는 안 된다고 주장하는데, 그 이유는 "우리는 어떤 일을 '경험'하기만을 바라는 것이 아니라 '실제로' 그것을 하고 싶어 하기 때문"이라고 대답한다.

다시 거울 공주에게

이제 나도 거울 공주에게 할 말이 생겼다. 오늘도 거울을 들여

다보는 거울 공주에게. 셀카를 찍고 뽀샵한 사진을 싸이에 올리는 거울 공주에게. 이 거울 놀이는 안전하다. 절대로 상처 입을 염려가 없다. 하지만 그것이 전부다. 그 자체로 행복할 수 있다. 하지만 잠깐일 뿐이다. 지속되지 않는다. 거울이 줄 수 있는 위안에는 한계가 있다. 그러니 거울에서 시선을 돌려 사람을 보라. 거울 밖 세상의 나는 보잘것없고, 세상이 나를 1순위로 맞아 주지도 않지만, 그래도 내가 없으면 세상도 없지 않은가.

그리고 정말 중요한 얘기 하나. 백설공주의 이런저런 내용들이 맘에 들지 않는 사람들이 세상에는 수없이 많다. 백설공주처럼 다양한 버전으로 개작된 얘기도 많지 않으리라. 그 많은 버전 가운데 내가 가장 좋아하는 것은 로알드 달이 새로 쓴 이야기이다. 『백만장자가 된 백설공주』에서 백설공주는 몰래 왕궁에 잠입해 요술 거울을 훔쳐 온다. 그리고 정말 유용한 질문을 던진다. 덕분에 백설공주는 크게 성공하고 난쟁이들과 함께 오래오래 행복하게 잘 산다. 어떤 질문이었을까?

"내일 경마에서 어떤 말이 1등 할 것 같니?"

세상에서 누가 제일 예쁘냐 같은 넋 빠진 질문 말고, 이렇게 실속 있는 질문을 던져야 하는 법이다. 언제 내게 요술 거울이 생길지 모르니 그때 허둥거리지 않도록 진짜 실속 있는 질문을 준비하자.

왕자는 왜 구두로 신데렐라를 찾았을까

신데렐라

신데렐라에 대한 첫 번째 오해

신데렐라처럼 수많은 오해와 헛소문으로 둘러싸인 동화 속 주인공이 또 있을까? 이렇게 구설에 휘말린다는 것은 그만큼 세상 사람들이 신데렐라에 대해 관심이 많다는 의미겠지. 맞다. 신데렐라는 세상 모든 여성들의 꿈의 상징이며 공주의 대명사로 통한다.

오해가 있다. 먼저 신데렐라는 공주가 아니다. 신데렐라는 그냥저냥 잘나가는 집 딸로 태어났다가 어려서 생모와 사별하면서 지지리 고생만 한다. 오죽하면 이름이 신데렐라란 말인가. 신데렐라는 모두 잘 아는 대로 재투성이라는 뜻이며, 이것은 신데렐라가 감당해야 했던 고된 노동의 흔적이기도 하다. 왕가의 무도회에 초대받을 정도의 집안인데 왜 그냥저냥 잘나가는 집이냐고 누군가 물을 수도 있겠다. 하지만 신데렐라가 감당했던 온갖 노동을 생각해 보면 그 집안에는 변변한 하녀가 없다는 것을 곧바로 눈치챌 수 있다. 하녀에게 줄 쥐꼬리만 한 급료를 아끼기 위해 계모가 의붓딸을 괴롭혀야 할 정도라면 윤택한 집안이라고 보기는 어렵지 않겠는가.

신데렐라가 서둘러 귀가한 이유는 신발에 뒤꿈치가 쓸려서?

신데렐라의 구두는 정말 유명하다. 구두 가게의 점원들은 열에 아홉은 남자들이다. 특히 백화점의 여성 구두 매장은 100퍼센트 젊고 준수하게 생긴 남자들로 채워져 있다. 그리고 이들은 신데렐라에게 신발을 신겨 주는 왕자의 자세로 (어릴 적 그림책에서 보던 그 자세 그대로) 여성 고객에게 신발을 신겨 준다. 여자들의 신데렐라 로망을 채워 주며 구두를 파는 것이다.

그런데 그 유명한 신데렐라의 유리 구두가 실은 유리 구두가 아니라 가죽 구두라고 한다. 프랑스어라고는 기억도 아득한 고등학교 시절 배웠던 "꼬망딸레부?" "즈베비엥. 메르시"만을 남기고 완전히 삭제되어 버렸으니 정확히는 모르겠지만, 프랑스말로 유리와 가죽이 아주 비슷한 발음이라 시대를 넘고 국경을 넘어 이야기가 떠돌아다니는 동안 가죽 구두가 유리 구두로 변신해 버렸다고 한다. 가죽 구두라고 하니 이제야 안심이 된다.

나는 유리 구두를 신은 신데렐라가 무도회에서 춤을 추다 발뒤꿈치가 쓸려 피를 흘리는 모습이 겹쳐져서 그동안 영 마음이

편치 않았다. 신데렐라가 12시를 넘기지 못하고 집으로 돌아가야 하는 이유는 마법이 풀릴 시간이 되었기 때문이 아니라 발뒤꿈치가 너무 아파서일 것이라고 늘 생각해 왔던 것이다. 그러다가 그것이 가죽 구두의 와전이라는 사실을 알고 얼마나 안심이 되었던지.

신데렐라가 가죽 구두를 신고 무도회에 참석했다 할지라도 12시 땡 귀가는 신발이 불편해서가 아닐까, 하는 의심이 완전히 사라진 것은 아니다. 왜냐하면 신데렐라는 무도회 당일 엄마 요정으로부터 선물받은 새 신발을 신고 있었다. 첫째 날은 드디어 무도회에 참가하게 되었다는 설렘과 긴장으로 새 신발의 고통을 참을 수 있었을 것이다. 하지만 원래 상처는 다음 날 더 아픈 법이다. 어제는 멀쩡한 발을 신발에 구겨 넣었지만 오늘은 상처 입은 발을 신발에 넣어야 한다. 얼마나 아팠을까? 도저히 참을 수가 없었던 신데렐라는 무도회장을 빠져나오면서 신발 한 짝을 벗어던지고, 나머지 한 짝도 벗어서 주머니에 넣었을 것이다. 다시는 그 신발을 신을 생각이 없을 만큼 끔찍하게 아팠기 때문에 떨어뜨리고 온 새 신발을 찾으러 되돌아갈 생각도 하지 않는다. 하지만 일생일대의 기념비적인 날이니 그날의 기념품으로 나머지 구두 한 짝은 간직하기로 마음먹었겠지.

나는 평생 편한 구두를 찾아 헤맸다

나의 신데렐라 신발 이론이 제멋대로 상상의 날개를 펼치게 된 것은 내가 늘 신발 때문에 고통을 겪었기 때문이다. 고등학교 때까지는 운동화로 일관된 삶을 살았으니 내 발에 문제가 있다는 것을 눈치채지 못했다. 고등학교를 졸업하고 구두라는 것을 신게 되었는데, 나는 구두가 정말 신발의 일종으로 분류될 수 있는 물건인지, 아니면 은밀한 고문 도구인지 도통 판단이 되지를 않았다.

신는 구두마다 너무나 불편했다. 굽이 높건 낮건, 볼이 넓건 좁건, 비싼 구두이건 싸구려이건 무조건 불편했다. 발등의 뼈가 짓눌리기에 다음에는 좀 헐렁한 신발을 골랐다. 이번에는 발뒤꿈치 부분에서 신발이 헐렁거리면서 뒤꿈치가 까졌다. 높은 구두를 신으면 엄지발가락이 아파서 참을 수가 없었다. 20대에 효도 신발을 사 신기도 했다. 신을 때는 편안한 것 같았지만 효도 신발을 신고 걷다 보면 신발 속에 있어야 할 발이 걷는 도중 쑥 빠져나오는 일까지 생겼다. 거짓말 조금 보태면 내가 신발에 쏟아부은 돈만 모았어도 빌딩 하나를 세웠을 것이다. 결국 나는 운동화나 운동화와 유사한 형태의 가죽 구두에 안착했다. 문제는 이런 신발은 신으면 전혀 폼이 나지 않는다는 것이다!

진짜 불가사의한 일은 거리에 나가 보면 모든 여자들이 날씬하게 쫙 빠지고 현란하게 굽이 높은 예쁜 구두를 신고 잘도 걷는다는 것이었다. 신호등이 바뀌거나 기다리던 버스가 오면 뛸 수도 있었다. 그런데 난 왜 이렇지? 다른 여자들은 모두 고통을 참고 이겨 냈는데 나만 참을성이 부족한 걸까?

우연한 기회에 내 발의 특성에 대해 알게 되었다. 문제는 참을성이 아니었다. 내 발에 특별한 '문제'가 있는 것도 아니었다. 다만 내 발이 대한민국 평균치와 다르다는 점이 문제였다.

이 책을 읽는 당신은 어느 발가락이 가장 긴가? 엄지인가, 검지인가? 친구와 내기를 한다면 검지가 가장 길다는 쪽에 걸기를 바란다. 그쪽이 압도적으로 승률이 높으니까. 한국인은 대체로 검지 발가락이 가장 긴 발을 가지고 있다. 나는? 나는 엄지 발가락이 더 길다. 구두를 만들 때 발 길이는 발뒤꿈치에서 둘째 발가락까지의 길이를 기준으로 만드는데, 내 경우는 검지에 맞추면 엄지가 눌리고, 엄지에 맞추면 신발이 클 수밖에 없었던 것이다. 발볼은 좁은데 발등은 높은 편이다. 그러니까 발등 높이에 맞추면 신발이 커서 발이 빠져나오고 발볼에 맞추면 발등이 눌릴 수밖에. 나는 티눈으로 평생을 고생하셨던 할머니를 떠올렸다. 내 발은 형제들 중 유일하게 할머니를 꼭 빼닮았다.

발에 얽힌 엄청난 정보를 내게 제공해 준 친구는 유럽인들은 나처럼 엄지 발가락이 긴 경우가 많아서 신발도 그에 맞춰 나오니까 한국 신발이 영 불편하면 유럽 가서 사 신고 오라는, 정말 하나 마나 한 충고를 해주기도 했다. 구두를 신고 거리를 누비는 수많은 그녀들의 참을성이 탁월했던 것이 아니라 그녀들은 정말 하나도 발이 아프지 않았던 것이다. 평균치에 맞는 발을 가지고 태어난 행운 덕분에! 이렇게 구두에 한 맺힌 세월을 보내고 있었으니 내가 신데렐라를 읽으면서 신데렐라의 발을 걱정한 것도 당연한 일이었다.

신발에 대한 궁금증은 왕자의 기이한 행동에 대한 궁금증으로
이어졌다. 나는 진정으로 궁금했다. 왕자는 왜 신데렐라를 신
발로 찾았을까? 두 번의 무도회에서 신데렐라하고만 줄창 춤을
췄으니 신데렐라가 어떻게 생겼는지 잘 알고 있을 텐데, 전문가
를 불러 몽타주를 작성해 전국에 지명수배를 내리는 대신 신발
을 들고 일일이 처녀가 있는 집을 방문하는 번거로움을 자처하
고 나섰다. 물론 왕자의 증언을 토대로 만들어진 초상화를 전국
에 뿌려 신데렐라를 찾아냈다면 신데렐라 스토리는 김빠진 사
이다처럼 밍밍한 결말을 맞았을 것이다. 그렇다고 왕자가 자기
가 출연하는 동화의 흥행을 위해 번거로움을 자처했다고 결론
내리기는 너무 낯 뜨거운 일이다.

  사실 왕자는 상당히 용의주도한 성격이었던 것 같다. 그리고
경험을 통해 알고 있었으리라. "속지 말자 조명발, 다시 보자 화
장발." 다시 말해 무도회의 그 밤을 위해 몇 날 며칠을 때 빼고
광내는 데 보낸 여인네의 모습을 그린 몽타주를 들고서는 훤한
대낮에 민낯의 신데렐라와 정면으로 마주쳐도 알아볼 수 없으
리라는 것을 알고 있었으리라.

  왕자가 시종들에게 이렇게 명한 것은 어쩔 수 없는 선택이었
을 것이다. 이 신발이 꼭 맞는 아가씨를 찾으라. 온 나라를 뒤져
서라도! 그런데 이 대목에서 뭔가 이상하지 않은가? 발 크기가
같은 사람이 세상에 한둘인가? 당신의 신발 사이즈는 얼마인
가? 나는 235이다. 대한민국에 발 크기가 235인 여자는 전체 여

성의 몇 퍼센트나 될까? 동화를 꼼꼼히 읽어 보지 않아도 쉽게 알 수 있는 것은 신데렐라의 발이 아주 작았다는 것이다. 그렇다면 220? 215? 문제는 여전히 남는다. 그 사이즈가 신데렐라만의 고유한 사이즈가 아닌 이상 신발이 맞는다고 본인이라고 추정하는 것은 얼마나 얼토당토않은 일인가. 다 알다시피 왕자는 "신데렐라와 결혼하겠다"라고 하지 않았다. (신데렐라는 본명도 아닐뿐더러 그녀의 이름이 신데렐라인지도 몰랐으니 당연하다.) "무도회에서 나랑 계속해서 춤을 춘 그 아가씨와 결혼하겠다"라고도 하지 않았다. 그냥 "이 신발이 딱 맞는 아가씨와 결혼하겠다"라고 했을 뿐이다. 왕자쯤 되는 자가 이토록 허술하게 영을 내리는가, 의심이 생긴다. 같은 사이즈를 가진 사람이 단 한 사람이라도 있다면 상황은 아주 복잡하게 꼬이는 것이다. 하지만 한 나라의 왕자쯤 되는 자가 절실하게 이루고 싶은 것이 있는 상황에서 내뱉은 말이 근거 없는 헛소리일 리는 없다. 왕자는 신발을 통해서 정말로 신데렐라, 즉 그날 밤 무도회의 그 아가씨를 찾아낼 수 있으리라고 확신하고 있었음에 틀림없다. 어떻게 이런 일이 가능할까?

신데렐라의 신발은 맞춤이었다

가능하다. 비밀은 그 시대의 신발 생산 방식에 있다. 평균치로 신발을 미리 만들어 놓고 고객을 기다리는 시대는 신데렐라 시대가 훨씬 지난 뒤에야 찾아온다. 당시에는 누구나 신발을 맞춰서 신었다. 신발이 필요한 사람은 마을의 구두 장인을 찾아가고, 구두 장인은 고객의 발 치수를 신중하게 재고, 고객의 요구에 맞춰서 신발을 만들었다. 이 세상 오직 하나, 나만을 위한 신발인 것이다. 그러니 그 시대에는 신발이 발에 꼭 맞는다면 그 사람이 신발의 임자일 확률이 매우 높았을 것이다. 조명발이나 화장발 때문에 혼란을 빚을 가능성이 높은 얼굴보다는 신발이 더 정확했을 수 있다. 왕자의 판단은 틀리지 않았고, 덕분에 무사히 무도회의 그녀를 찾아내는 데 성공했다. 물론 지금 같으면 어림도 없는 얘기이다.

내가 어렸을 때에도 기성복의 시대는 아니었다. 계절이 바뀌고 우리 형제들이 성장할 때마다 할머니는 재봉틀을 돌렸다. 할머니가 입던 한복이 내 원피스로 변신하기도 했다. 학교에서 준비물로 앞치마를 가져오라고 하자 할머니가 뚝딱 만들어 주셨던 앞치마는 지금 생각해도 어깨가 으쓱해질 정도로 멋졌다. 겨울이 오면 어머니는 뜨개질을 하셨다. 오빠가 입던 스웨터와 언니가 입던 스웨터가 합쳐져서 내 속바지가 되었다. 오래 입은 스웨터는 실이 얇아져서, 그것을 풀어서 새로 뜰 때는 두 겹으로 합쳐야 제대로 된 굵기의 실이 될 수 있었기 때문이다. 엄마가 입던 낡은 외투를 뒤집어서 내 옷으로 만들기 위해 동네 양장점을 찾아갔던 날의 행복한 기억을 나는 지금도 고스란히 간직하고 있다. 고등학교 졸업식에서 입었던 옷도 맞춤이었다. 처음으로 새 천으로 내 몸에 꼭 맞게 만들어진 자켓과 치마를 입고 나는 얼마나 흐뭇했던가.

이제는 기성품의 시대이다

순식간에 세상이 바뀌었다. 우리 가족이 서울 변두리에서 옛날 방식으로 고치고 만들어 옷을 해 입는 동안 세상은 이미 대량 생산 대량 소비의 시대로 접어들었다. 고등학교 졸업 선물로 받았던 그 맞춤복을 끝으로 단 한 번도 맞춤옷을 입어 본 일이 없다. 이제 옷을 만드는 할머니를 뒤에서 애타게 쳐다보고 있는 일도 없고, 뜨개질하는 엄마의 손을 바라보며 옷이 완성되는 순간을 간절하게 기다리는 일도 없다. 옷이 넘쳐 나는 세상이 되었고, 55나 66 같은, 지금도 의미를 정확히 알 수 없는 숫자를 말하면 내 사이즈의 옷이 제공되는 시대를 살고 있다.

하지만 그것이 정말 내 사이즈라는 뜻은 아니다. 허리에 맞춰 바지를 사면 허벅지가 끼고, 허벅지에 맞춰 바지를 사면 허리가 돌아간다. 바지 길이는 언제든 너무 길다. 재킷은 늘 팔뚝 부분이 불편하다. 게다가 내 몸은 꾸준히 두꺼워지는데 기성복들은 꾸준히 가늘어진다. 불편한 신발에 내 발을 억지로 구겨 넣으며 내 발 모양을 탓하듯, 불편한 옷에 내 몸을 구겨 넣으며 내 체형을 탓한다. 매장에서 옷을 입어 보았는데 옷이 제대로 맞지 않으면 오히려 내가 미안해진다.

생각해 보면 나는 평생 내게 꼭 맞는 편안한 신발, 맵시 나는 옷을 찾아 왔던 것 같다. 대량 생산 체제는 물질적 풍요를 가져왔지만, 이것이 정말 풍요일까? 옷장이 미어터지도록 많은 옷을 가지고 있으면서도 오늘도 적당한 입을 것이 없어서 방황한다. 신발장을 가득 채우고도 남을 만큼 신발이 있지만 오늘도 편안히 신을 것이 없어서 괴롭다.

철마다 내 몸에 맞지도 않는 새 옷과 새 구두를 사는 일을 반복하는 것은 대량 생산된 물건을 판매하기 위한 업계의 수작에 넘어간 결과이다. 비싸서 감히 맞춤옷은 생각할 수도 없다고? 그동안 내가 사들인 수십 벌의 기성복 값으로 한 벌의 맞춤옷을 해 입지 못할 리는 없을 것이다. 게다가 기성복 값도 결코 싸지 않다! 그래도 영 부담된다면 스스로 만들어 입는 방법도 있을 것이다. 몇 년 전부터 여름 원피스를 만들어 입고 있는데, 손바느질로 엉성하게 만든 그 원피스들은 모두 똑같은 옷본으로 만들어 낸 것인데도 아무도 그 사실을 알아채지 못했다. 내가 린넨으로 여름 원피스를 만드는 데 쓰는 돈은 만 원 안팎이다.

나는 서술형 문제를 풀고 있는 줄 알았는데

억지로 구겨 넣어야 하는 것은 발뿐이 아니다. 예를 들어 영화를 보러 간다 치자. 내가 특별한 영화를 보려는 것은 아니다. 〈반두비〉와 〈여고괴담5〉, 〈히말라야, 바람이 머무는 곳〉을 찜해 두고 영화관을 검색했다. 이럴 때 여러 영화를 한꺼번에 상영하는 영화관이 있다는 것은 얼마나 고마운 일인가? 그런데 집 근처 상영관의 상영 시간표를 보고 내가 얼마나 안이하게 살아왔는가를 깨달았다. 10개의 상영관을 가진 극장은 자유자재 변신 로봇들이 완전히 점거를 마친 상태였다.

〈반두비〉와 〈여고괴담5〉는 가뭄에 콩 나듯 드문드문 상영하고 있었는데, 내가 하루 근무를 마치고 이 영화를 보려면 밤 11시 정도에 상영하는 영화를 보아야 했다. 그래서 봤냐고? 나는 매일 아침 새벽같이 일하러 가야 하는 노동자이다. 그 시간까지 영화를 보고 있을 수는 없었다. 영화 평론으로 밥을 먹고 사는 것도 아닌 마당에야! 더욱이 1순위로 보고 싶었던 영화 〈히말라야, 바람이 머무는 곳〉은 이미 상영 시간표에서 자취를 감춘 상태였다.

이 시련을 겪으며 나는 원하는 영화를 골라 볼 수 있는 방법을 깨치기에 이르렀다.

첫째, "내가 필요할 땐 나를 불러 줘 / 언제든지 달려갈게 / 낮에도 좋아 밤에도 좋아 / 언제든지 달려갈게"

내가 어떤 시간을 원하는지 말하지 말고 영화가 내게 언제 시간을 내 줄 수 있는가를 물어라. 그리고 그 시간에 맞추어라. 그게 밤 11시가 되었건 아침 9시가 되었건.

둘째, "다른 사람들이 나를 부르면 / 한참을 생각해 보겠지만 / 당신이 나를 불러 준다면 / 무조건 달려갈 거야"

원하는 영화가 개봉되었다면 그 주말이 가기 전에 즉시 보라. 언제 상영관에서 사라질지 모르니까.

셋째, "태평양을 건너 대서양을 건너 / 인도양을 건너서라도 / 당신이 부르면 달려갈 거야 / 무조건 달려갈 거야"

희망을 갖고 계속 찾아 헤매다 보면 '특수한' 취향을 가진 소수 관객을 위해 '특수한' 영화를 상영하는 영화관을 발견할 수 있다. 다만 그 상영관은 내가 사는 곳에서 멀리 있으니 영화관까지 한두 시간쯤 이동할 각오를 해야 한다. 이 깨침이 그대에게 너무 복잡하다면 간단히 말해 주지. 영화에 대한 무조건적인 〈특급 사랑〉을 가지면 되는 것이다.

깨달음을 얻은 이가 그다음에 할 일은 아직 깨침을 얻지 못한 이들에게 도道를 설파하는 것이다. 내가 나의 도리를 다하기 위해 뭇사람들에게 '선택의 자유에 이르는 길'을 설파하던 중, 한 현명한 이가 단 한마디로 일침을 놓았다. "취향을 바꿔, 이 바보야!" 시장이 너에게 변신 로봇 영화를 주면 그냥 변신 로봇 영화를 사랑하면 되는 거야. 대부분의 상영관에서 30분 간격으로 변신 로봇 영화를 보여 주니까 넌 그냥 어느 시간에 볼까, 그것만 선택하면 만사형통이야. 변신 로봇 영화도 나쁘지 않아. 단돈 9,000원에 세상 시름을 잊는 두 시간을 네게 줘.

지금까지 내가 선택한 것을 얻는 일이 늘 조금씩 어려웠던 이유를 그제야 알게 되었다. 나는 서술형 문제를 풀고 있는 줄 알았는데 사실 내 앞에 놓인 문제는 ①②③④⑤ 다섯 개의 답지 중에 하나를 고르는 선택형이었던 것이다. 시장이 내게 "네가 원하는 것을 마음대로 고를 수 있어"라고 말할 때 너무 흥분해서 그다음에 이어지는 속삭임을 놓친 거야. "단, 내가 주는 것을 네가 원한다는 조건 하에서"라는 말을.

나는 실험 영화나 예술 영화를 원한 것도 아니었다. 그냥 변신 로봇 말고 다른 것을 보고 싶었을 뿐이다. 하지만 나는 대량 생산 시스템 속에서 안 맞는 신발에 내 발을 억지로 끼워 넣듯, 내 취향도 억지로 끼워 넣으면서 살고 있는 중이다.

마지막 궁금증. 신데렐라는 정말 왕자랑 결혼했을까? 무도회장을 서둘러 빠져나가는 운명의 그녀 신데렐라를 직접 뛰어가 잡지도 못했던 그 왕자랑? 운동 부족으로 달리기를 어지간히 못했거나, 아니면 체면을 목숨보다 소중히 여기느라 그랬겠지. 운명의 그녀를 직접 찾으러 나가지도 않고 시종에게 신발을 들려 온 세상 처녀들에게 신발을 신겨 보는 수고를 감당하도록 만든 남자이기도 하다. 나라면? "너라면 왕자가 반하지도 않아!" 하는 반박이 여기저기서 들려오지만, 그래도 생각해 본다. 상상은 자유라잖아?

나라면? 나라면 이런 일을 해보겠다. 찌질이 왕자랑 결혼하는 것보다 훨씬 흥미진진한 삶이 펼쳐질 것 같지 않은가? 온 세상 여자들이 돈을 싸들고 찾아올 것 같다.

신데렐라 이미지 컨설팅 연구소

단 하루의 변신으로

왕자의 마음을 사로잡은 신데렐라가 도와드립니다.

어떤 무도회라도 완벽하게 준비해 드립니다.

왕자를 사로잡고 싶다면 신데렐라와 상의하세요.

밤새도록 춤을 춰도 발이 편안한

맞춤 구두도 있습니다.

이불 공주는 누가 깨울까
잠자는 숲속의 공주

이불 공주가 늘고 있다

공주님의 생일 잔치에 초대받지 못한 마녀의 심술로 깊고 깊은 잠에 빠져든 잠자는 숲속의 공주. 아주 길고 긴 잠을 자고 난 뒤 공주님은 지나가던 왕자님의 키스와 함께 잠에서 깨어난다. 그리고 이어지는 왕자님의 청혼. 그래서 그들은 행복했더래요.

 학교에도 깊고 깊은 잠에 빠져든 공주님, 왕자님들이 많다. 이들은 대놓고 잠을 잔다. 그리고 그 수는 점점 늘고 있다. 수업 시간 중 잠시 잠깐 몰려오는 졸음을 쫓지 못해 깜빡 잠드는 것이 아니다. 교사의 포스가 유독 특별해서 수면을 목숨과 맞바꿀 정도의 각오가 필요한 몇몇 시간을 제외하고 그들은 계속해서 잔다. 이렇게 긴 시간 잠을 자기 위해서는 장비도 필요하다. 무릎 담요, 목 베개, 쿠션 등 각종 수면 보조 용품을 교실에 늘 상

170

비해 놓았다. 그리고 목에 칼이 들어올 때까지 잔다.

이런 아이들을 '이불 공주'라 부르고자 한다. '공주'라고 해서 잠을 자는 이들은 죄다 여학생이고 남학생들은 깨어나서 떠들어대는구나, 이런 특별한 해석은 금물이다. 이불 왕자보다는 이불 공주가 뭔가 입에 달라붙기 때문에 붙인 이름일 뿐이다. 대놓고 잠을 자는 이들 신인류에게는 사실 남녀 구별이 없다.

이불 공주의 행동 특성은 이렇다. 이불 공주는 '본 수업'이 시작되면 항상 잠을 청한다. 쉬는 시간에는 깨어 있다가 교사가 입실하면 이불을 찾아 들고 본 수업에 들어가면 이불을 덮어쓰고 잔다. 농담이나 곁가지로 흐르는 다른 이야기에는 잠시 깨어나 주목하는 공주들도 있다. 교사가 가진 권위의 정도와 이불 공주가 교사의 입실로부터 수면에 돌입하기까지의 시간은 비례하지만, 결국은 잔다.

피로와 절망으로 잠에 빠져드는 이불 공주들. 잠자는 공주를 깨운 것은 왕자의 키스였다. 이불 공주의 잠은 무엇으로 깨울 수 있을까? 이불 공주들은 그 끝없는 잠의 원인에 따라 몇 개의 유형으로 나누어 볼 수 있다. 이불 공주들이 유형별로 잠에 빠져드는 이유가 다른 만큼 이들의 잠을 깨우는 방법도 달라야 할 것이다.

엄친딸 이불 공주

첫 번째는 엄친딸 이불 공주들이다. 많은 수는 아니지만 (특히 내가 근무해 온 변두리 동네에 자리 잡은 학교에서는 곧 멸종 위기 종으로 선포될 만큼 그 수가 적기는 하지만) 있기는 있다. 엄친딸 이불 공주들은 공부에 쫓겨 잠이 부족한 아이들이다. 이들의 하루는 꼭두새벽부터 시작되어 다음 날이 되어야 마감한다. 새벽 공부, 아침 자율학습, 정규 수업, 방과 후 특기 적성 수업, 학원 수업, 과외 수업, 숙제, 수행 평가……. 이들이 소화하는 스케줄은 웬만한 연예인들도 "옴메, 기죽어!" 소리가 나올 만큼 빡빡하다. 당연히 잠이 부족하다.

산 사람은 어떻게든 살아남으려고 몸부림치게 되어 있고, 살기 위해서는 자야 한다. 이제 이들에게 남은 것은 선택이다. 어떤 시간에 잠을 보충할 것인가. 버려도 아까울 것이 없고 압박도 가장 적게 들어오는 시간을 선택해야 한다. 학교 정규 수업은 이들의 일정 가운데 가장 저렴하면서, 가장 많은 수의 학생들이 참가하고 있는 만큼 교사로부터 받는 압박도 덜하다. 과외나 학원 수업처럼 엄마가 팽팽하게 체크를 하지도 않는다. 수업 시간에 잠 좀 잤다고 부모님께 전화하는 교과 선생님은 학교에 없다. 그러니 잔다.

엄친딸 이불 공주들은 아주 깐깐하게 계산을 한다. 국영수 아닌 과목들은 대학 들어가는 데 별 상관이 없으니 자도 된다. 국영수는 어차피 학교 수업으로는 수능 대비가 되지 않는다. 그러니 자도 된다.

엄친딸 이불 공주들은 다른 이불 공주들에 비해 월등하게 성적이 좋지만, 이건 다른 이불 공주에 비해 그렇다는 얘기일 뿐,

객관적으로 좋은 성적은 아니다. 그렇게 공부를 하는데 왜? 예외가 없지는 않겠지만, 누구도 이들과 같은 스케줄을 소화하면서 살아남을 수는 없다. 그런데 이들이 살아남았다면 그 비결은 '사보타주', 즉 태업에 있다. 이들이 매 순간 최선을 다했다면 과로로 쓰러졌을 것이다. 이들이 매 순간 적극적인 자세로 임했다면 머리가 터졌을 것이다. 부모님이 만들어 준 스케줄대로 움직이되, 절대로 최선을 다하지 않는다는 전략으로 살아남았을 뿐이다. 노력하는 만큼 성적이 오르지 않는다고 판단한 부모님들은 더 많이 노력해야 하는 스케줄을 만들어 내고, 아이들은 더 많은 시간을 태만히 보낸다. 다 살자고 하는 짓이다. 그걸 정말 '지대로' 하면 누구든 쓰러진다.

엄친딸 이불 공주를 깨우려면

얼마 전 EBS 〈다큐 프라임〉에서 '사교육 제로 프로젝트'로 진행한 '4,000시간의 비밀'이라는 프로그램을 보았다. 학생들이 학원과 과외를 끊고 자기 주도적으로 학습해서 성적을 올리는 프로젝트를 수행하는 과정을 다큐멘터리로 제작한 것이다. 나는 이 다큐를 보면서 숨이 막혔다. 다큐가 전하는 바에 따르면 자기 주도 학습의 핵심은 시간 관리이다.

그것을 위해 학생들은 스스로 잠을 관리한다.

"넌 뭐가 문제니?"

"잠이오."

"어떻게 할래?"

"잠을 줄여야죠."

이것이 교사와 학생이 나누는 대화이다. 한참 성장기에 있는 열일곱 살 청소년이 무슨 수로 잠을 줄인다는 말인가. 게다가 그 아이는 아침 자습부터 하루 7시간 수업, 야간 자율학습까지 장시간 학습 노동에 시달리는 중인데. 그 노동을 제대로 수행하려면 푹 자는 것이 상책 아니겠는가. 하긴 그 학습 노동을 다 수행하자면 애당초 푹 자는 것 자체가 불가능하겠지만. 한 연구에 따르면 매일 밤 약 7시간 수면을 취하는 것은 미래의 건강을 지키고, 심장병 등 만성 질환의 발병률을 감소시킨다고 한다. 적어도 하루 7시간의 수면. 세상 어떤 일이 아이가 맛있게 밥을 먹고 푹 자는 것을 희생할 만큼 중요하단 말인가. 그런데 시간을 줄이란다. 자기 주도적으로.

시간 관리를 위해 두 번째로 관리하는 것은 자투리 시간이다. 점심 시간, 쉬는 시간, 틈틈이 아껴서 공부를 했더니 공부한 시간이 다 합쳐서 두 시간이나 되었다고 흐뭇해하는 아이의 모습이 화면을 가득 채웠다. 하지만 쉬는 시간은 쉬라고 있는 것이고, 점심 시간은 밥 먹고 소화시키라고 있는 것이다. 인간의 집중력이나 체력에는 한계가 있는데 어떻게 계속해서 모든 시간 집중하며 살 수 있겠는가. 하루 이틀이면 모를까, 몇 년을 어떻게 그러고 살겠는가. 그런데도 최근에 자율형 공립고가 된 인근 고등학교에서는 모든 3학년 담임교사들이 점심 시간에 교실에 입실해서 자율학습 지도를 한다는 엽기적인 소식을 들었다. 이쯤 되면 다들 제정신이 아니라고 보아야 한다.

이 다큐를 보면서 나는 엄친딸 이불 공주의 문제가 과외나 학원 같은 사교육 때문이 아니라 시간 관리에 대한 잘못된 환상 때문이라는 생각을 했다. 자기 주도 학습이 되었건 과외나 학원이 되었건 똑같다. 시간을 철저히 관리해서 최대한 낭비를 줄이겠다는 생각을 담고 있다는 점에서 그렇다. 하지만 우리는 시간을 그처럼 관리할 수 없다. 잠도 푹 자야 하고, 친구와의 수다처럼 쓰잘 데 없는 일도 해야 한다. 거울도 보아야 하고 머리도 매만져야 한다.

엄친딸 이불 공주를 깨우기 위해서는 목표를 높게 세우고 잠을 줄이고 자투리 시간을 아껴 노력하면 된다는 환상에서 벗어나야 한다. 엄친딸도, 그 부모도. 그리고 그것을 부추기는 이 세상도.

알바 이불 공주

두 번째는 알바 이불 공주이다. 이들은 밤늦게까지 일한다. 알바 이불 공주들은 늘 몸이 고단하고 잠은 부족하다. 그러니 학교에서라도 잠을 자 두지 않으면 배겨 낼 재간이 없다.

이들은 어리다고 무시당하고 월급 떼이면서 일을 한다. 일을 해서 가족을 부양한다거나 가계에 보탬을 주었다는 미담도 간혹 있지만, 이들이 일을 하는 까닭은 대부분 자신에게 필요한 것을 사기 위해서이다. 고등학생에게도 돈은 필요하다. 그 돈으로 구입하는 것이 어른의 눈으로 보기에 너무나 터무니없는 것들, 즉 새 옷이나 신발, 가방이라든지, 최신형 핸드폰, 나아가 중고 오토바이라 할지라도 무턱대고 나무랄 수는 없다. 힘겨운 노동을 감수하면서라도 그런 물건들을 갖고 싶은 욕망을 키워 준 것은 우리 어른들이니까. 사정이 어찌되었든 이들은 저녁 내내 일을 하고 있고 그러니 낮에는 잔다. 잠을 자야 일을 하고 일을 해야 돈을 벌고 돈을 벌어야 원하는 것을 살 수 있으니까.

내가 만난 최고의 알바 이불 공주는 시험 시간에도 잠을 잤다. 답안지에 자기 이름과 번호를 쓰고 답은 같은 번호로 모양 좋게 쭉 그어 주는 정도도 하지 못할 만큼, 공주님은 사경을 헤매며 깊은 잠에 빠져 있었다. 공주님을 억지로 깨워 손가락 사이에 컴퓨터 펜을 쥐어 주고 답안지에 이름을 쓰게 하는 일이 그 시간 공주님 반에 시험 감독으로 들어간 선생님들의 최대 업무였다.

알바 이불 공주를 깨우려면

청소년 알바를 금지해야 한다, 하는 망령된 생각은 삼가는 것이 좋겠다. 청소년들도 돈을 벌어야 하는 사정이 있다. 어떤 이들은 고등학생의 노동에 대해 곱지 않은 시선을 보내기도 한다. 학생이 하라는 공부는 안 하고 어릴 때부터 돈맛을 알아서 알바를 하러 다닌다고 생각하기 때문이다. 하지만 이미 고등학생의 노동은 우리 경제의 주요 부분이 되어 버렸다. 피자, 치킨, 짜장면을 우리 집에 신속히 배달해 주는 사람은 고등학생 노동자들이다. 주유소에서 기름을 넣어 주는 것도, 롯데리아, 맥도널드에서 "어서 오십시오"를 외치는 것도 고등학생 노동자들이다. 이들의 값싼 노동이 없었다면 우리가 그토록 저렴한 가격에 그런 서비스를 누릴 수는 없을 것이다.

알바 청소년들에게 적어도 법이 정한 최저 임금이라도 지급하도록 사회적인 감시를 충실히 하는 것도 한 방법이 될 것이다. 하지만 그것으로 문제가 해결될까? 우리 사회가 계속해서 소비를 부추기는 한 이들은 계속해서 무리를 해서라도 사고 싶은 어떤 것을 열망할 것이고, 그러는 동안 무리한 알바는 계속될 것이다.

묻지 마 이불 공주

세 번째는 묻지 마 이불 공주이다. 이들은…… 그냥 잔다. 구체적으로 통계 작업을 해본 적은 없지만 개인적인 관찰 경험으로 볼 때, 이불 공주 중 가장 다수를 차지하는 것이 이 묻지 마 이불 공주이다.

이불 공주에게는 학교 공부가 쓸모없다. 초등학생도 입학사정관제를 이야기하는 세상이다. 학교는 교육 과정 자체로 의미를 갖지 못하게 된 지 오래되었다. 특히 고등학교는 대학 진학을 위한 준비에 총력을 집중하는 것이 미덕으로 평가된다. 이런 학교에서 자기 성적으로 제대로 된 대학에 진학하는 것이 불가능함을 그도 잘 알고 있다. 묻지 마 이불 공주가 진학할 수 있는 대학은 성적을 문제 삼지 않는다. 그 대학은 이불 공주가 등록금을 낼 수 있는지에만 관심이 있다.

대학 진학을 하지 않더라도 공부는 남지 않느냐는 원론적인 문제 제기를 할 수도 있을 것이다. 하지만 무슨 공부? 고등학생이 된 묻지 마 이불 공주가 만나는 수업은 외계어로 이루어진다. 전과목 모두 무슨 소리를 하는 것인지 도통 알아들을 수가 없다.

국토는 좁고 자연 자원은 부족한 우리나라가 살길은 '인적 자원'을 키우는 데 총력을 집중하는 것이라는 믿음은 오랜 시간 우리 사회를 지배해 왔다. 이불 공주는 초등학교 입학 전부터 시작되는 치맛바람, 사교육, 과외 등의 살벌한 경쟁에서 진작에 밀려난 채로 고등학교에 입학했다. 경쟁에서 탈락했다는 사실은 이불 공주에게 존재의 위협을 느끼게 한다. 그는 적극적으로 수업을 거부하는 전략을 취해 스스로를 방어한다. 경쟁에서 뒤처진 것은 자신의 능력 때문이 아니라 스스로 선택한 결과라고, 그의 긴 잠을 통해 웅변하고 있는지도 모르겠다.

그러니 잠을 깨우며 "공부해서 대학 가야지"라고 설득하는 교사에게 말한다. "저 대학 안 갈 건데요." 이불 공주는 다시 잠을 청한다. 잠은 심신이 지친 이불 공주에게 적어도 순간의 행복을 제공한다.

묻지 마 이불 공주를 깨우려면

엄친딸 이불 공주에게는 그래도 챙겨 주는 부모가 있다. 알바 이불 공주는 그래도 일이라도 한다. 하지만 묻지 마 이불 공주에게는 아무도, 아무것도 없다. 계속되는 경쟁에서 끝없이 밀려나면서 학습된 무력감만 가슴에 체기처럼 꾸역꾸역 쌓여 가고 있는데, 이들의 마음을 어루만져 주고 삶에 활력을 줄 아무것도 없는 것이다. 적어도 학교에는 없다.

절망은 잠을 부른다. 무력감은 신체를 무기력하게 만든다. 나는 마녀의 저주를 피해 탑에 유폐된 공주가 끝없는 잠에 빠져든 것은 무력감 때문이었다고 생각한다. 마녀의 마법이 효력을 발휘하는 것은 마녀가 저주의 마법을 건 순간부터가 아니라 어른들이 그 말을 믿고 공주를 탑에 가둔 그 순간부터일 것이다. 마녀는 마력을 발휘할 필요조차 없었다.

기억도 할 수 없는 어린 날에 마녀가 던져 놓은 한마디, "이 아이는 자라서 물레 바늘에 찔려 죽을 것이야"에 놀란 왕과 왕비, 즉 공주의 부모는 공주를 탑에 가둔다. 물레 바늘 같은 것은 존재하지 않는 세상을 만든 것이다. 탑에 갇힌 공주에게는 아무것도 없다. 위험도 없지만 도전도 없다. 싸울 사람도 없지만 사랑할 사람도 없다. 힘든 일도 없지만 성취할 일도 없다. 이 고립된 탑을 세상 전부로 알고 살아 온 공주가 깊고 깊은 잠으로 도피하는 것은 당연한 일 아닐까?

왕자님의 키스로 공주님이 깨어난 것도 별로 놀라운 마법은 아니다. 공주님은 왕자님의 키스에서 새로운 희망을 알아챘을 것이다. 자신을 무력감의 탑에서 꺼내 줄 사람, 웃고 울고, 사랑하고, 지지고 볶고, 행복과 불행을 느낄 수 있게 해줄 누군가가 드디어 나타났다는 것을. 왕자님이 공주님의 나라와는 무관한 외부인이라는 것은 공주님을 탑에 가두는 데 공모하지 않은 이라는 의미로 읽을 수도 있지 않을까?

묻지 마 이불 공주에게 필요한 것은 꿈이다. 꿈을 꾸는 것을 허락하는 사회이다. 그에게 관심을 갖고 소중하게 여겨 주는 누군가의 존재이다.

졸음은 힘이 세다

이불 공주처럼 대놓고 이불을 꺼내 들지는 않더라도 많은 아이들이 수업 틈틈이 반수면 상태로 빠져든다. 잠이 싹 달아나게 수업하면 되지 않느냐고, 교사의 무능을 질책할 수도 있다. 맞다. 교사들은 학생들이 수업에 몰입할 수 있도록 더 많이 노력해야 한다. 하지만 천하장사 삼손도 잠 때문에 머리카락을 잘리고 구차한 신세가 되지 않았던가! 고속도로를 달리다 보면 곳곳에 붙어 있는 경고문이 있지 않은가. 졸음운전은 위험하니 잠시 차를 세우고 한숨 자고 운전하라고. 맞다. 졸린 사람은 자야 한다. 1970~1980년대 민주화운동사를 보면 '잠 안 재우기'가 얼마나 악질적인 고문인지를 알 수 있다. 졸음은 정말 힘이 세다. 1교시 시작 전부터 졸린 아이들을 7교시까지, 그리고 이어지는 방과 후 보충수업과 야간 자율학습까지 맨 정신으로 끌고 가는 것은 이미 '수업 스킬'의 문제가 아니다.

고등학교들이 등교 시간을 앞당겼다. 아침 8시 혹은 8시 10분

정도에 1교시가 시작된다. 7시 30분까지 모든 학생이 학교에 와서 '자율'학습을 하도록 강제하는 학교도 많다. 오후 4시도 되기 전에 7교시의 숨 가쁜 일과가 끝나도 아직 바깥은 훤하고, 입시가 목전인 아이들을 그대로 귀가시키기에는 민망한 시간이다. 시간표에는 있지도 않은 8교시·9교시·보충수업·자율학습이 이어진다. 실은 8교시·9교시를 할 수 있도록 등교 시간을 앞당긴 것이다. 하교 후에도 아이들의 일과는 끝나지 않는다. 아이들은 새벽 1시나 2시 정도가 돼야 피곤한 몸을 누일 수 있다.

누가 이불 공주를 깨울까?

이불 공주는 자꾸 늘어난다. 어른들은 말한다. 늦은 시간까지 공부하느라 학교에서 자는 것이 아니라 집에 와서 인터넷 하느라 그렇다고. 학교에서도 학원에서도 집중하지 않고 딴짓만 한다고. 하지만 우리 어른들은 일만 하고 사나? 쓸데없는 짓도 하면서 살아야 숨통이 트이지. 아이들도 다 저 살자고 딴짓을 하는 것이다.

그래도 공부가 부족하다며 일제고사 보면서 국가가 학생들 성적도 관리하고, '사교육 없는 학교'를 지정해서 보충수업을 강화하겠다는 분들께 말하고 싶다. 지들이 와서 한번 그렇게 살아 보라지. 아이들의 학력이 떨어지고 있다면 그것은 무력감이 쌓인 탓이지, 학습 시간이 부족해서가 아니다.

그녀는 누구를 위해 머리카락을 기르는가

라푼젤

라푼젤은 머리를 길렀다

나는 미용실에 가는 것을 좋아하지 않는다. 미용사가 안내하는 대로 미용실 의자에 앉으면 내 머리를 손으로 한두 번 훑어보고 꼭 하는 말이 있다. "머릿결이 정말 약하네요." 이 말을 들으면 미용실에 가기 위해 간신히 비축해 두었던 용기가 단숨에 사그라든다. 미용실에 가기 전에는 이런저런 새로운 스타일을 꿈꿔보기도 하지만 "머릿결이 정말 약하네요"라는 말 앞에서 내 꿈은 민망함에 종종걸음 치며 뒤로 물러서게 된다. 이렇게 형편없는 머릿결을 가졌으면서 이런저런 스타일을 주문하는 것 자체가 분수를 모르는 주책스러운 일처럼 느껴지는 것이다.

원래 미용실 문을 열면서 내가 하고 싶었던 주문은 "사랑스러워 보일 정도로 살짝 웨이브를 넣어 주시고, 길이는 길지도 짧지도 않은 정도로 해주세요. 단, 손질에 너무 많은 시간이 걸리면 안 돼요. 드라이로 대충 말려도 볼륨이 살아날 수 있으면 좋겠어요" 같은 것이지만, 머릿결이 형편없다는 진단을 받으면 (내 머릿결이 형편없다는 건 나도 알고 있다고! 내 머리인데 내가 모를 리가 없잖아) 소심해진 마음에 이렇게 말한다. "알아서 해주세요." 미용사의 처분에 모든 것을 맡기고 결과가 어떻건 간에 받아들인다. 미용실에서 두세 시간을 보내고 돈을 퍼부어 댄 결과가 내 마음에 별로 달갑지 않더라도 그건 미용사 책임이 아니기 때문이다. 전적으로 내 저질 머릿결 탓이다. 그러니 이 말 저 말 하면 안 된다. 안 그러면 미용실 문을 나서는 내 뒤통수로 "흥! 주제도 모르고 솜씨를 탓하기는! 미용사는 마술사가 아니라고!" 하는 비웃음이 쏟아질 수도 있기 때문이다.

거울을 보며 미용실에 가야겠다고 생각할 때마다, 미용실 의자에 앉아서 얌전히 처분을 기다릴 때마다, 그리고 낙심한 마음을 애써 숨기고 미용실 문을 나설 때마다 나는 라푼젤을 생각한다. 라푼젤, 길고 탐스러운 머리카락의 주인공.

마녀의 저주로 탑에 유폐된 공주 라푼젤은 한없이 머리카락을 길렀다. 얼마나 길고 길었던지 머리카락을 밧줄 대용으로 제공할 수 있을 정도였다. 마녀도 라푼젤의 머리카락을 타고 탑으로 올라갔고, 지나가던 왕자도 라푼젤의 머리카락을 타고 탑으로 올라갔다.

건장한 성인 남자가 용을 쓰며 그 머리카락에 체중을 실었을 텐데도 라푼젤의 머리카락은 왕자의 체중을 그대로 받아 줄 수 있었으니, 머리카락은 정말 튼튼했을 것이다. 그토록 길게 머리카락을 기를 수 있었던 것도, 또 밧줄 대용으로 머리카락을 사용할 수 있었던 것도 모두 라푼젤이 길고 풍성한 머리카락을 가지고 있었기에 가능한 얘기였을 것이다. 부러워라, 라푼젤! 그녀라면 미용실에서 미용사 눈치를 보지 않고 당당히 원하는 스타일을 주문하고, 원하는 결과가 나오지 않았을 때에는 미용사에게 항의도 할 수 있을 텐데.

여고생들은 모두 머리를 기른다

머리를 기르는 것은 라푼젤만이 아니다. 거의 모든 여자들이 머리를 기르거나 기르고 싶어 한다. 특히 여고생들은 모두 머리를 기른다. 그녀들은 머리를 묶지도 않는다. 교문 통과용으로 준비한 고무줄로 잠시 느슨하게 묶었다가 복도를 지나면서 곧장 머리를 풀고 하루 종일 긴 머리로 얼굴 양 옆에 커튼을 드리운 채 생활한다. 매일 그 긴 머리를 감고 말린 뒤 등교하기 위해 바쁜 아침 시간 밥 먹는 것도 포기하고 아침잠도 줄이며 관리한다. 추운 겨울날 미처 머리를 말리지 못하고 등교하다가 고드름을 달고 교실에 들어서기도 한다. 게다가 학교는 긴 머리를 탄압한다. 이제 학생인권조례와 함께 과거사가 되어 버릴지도 모르겠지만, 적어도 현재까지 긴 머리는 규제 대상이다. 번거로움이 이만저만이 아니다. 그런데도 머리를 기른다. 머리를 짧게 자르는 것은 고려 대상도 될 수 없다. 머리카락을 자르느니 차라리

내 목을 쳐라! 단발령에 대항해 목숨을 걸었던 조선 선비의 기개
는 오늘 여고생들 사이에 생생하게 살아 있다.

머리카락에는 수많은 이야기들이 얽혀 있다

사람들은 머리카락이 어떤 신비한 힘의 원천이라고 믿는다. 괴력
을 가진 삼손을 유혹한 데릴라는 삼손이 잠에 빠진 틈을 타서 머
리카락을 댕강 잘라 내는 데 성공했고, 힘의 원천이던 머리카락
을 잘린 삼손은 두 눈이 멀어 버린 채 수모를 겪는다. 누구든 직접
보는 사람을 공포에 질려 얼어붙게 만든다는 메두사의 괴력의 원
천도 머리카락이었다. 메두사의 머리카락은 뱀이었다.

　머리카락이 신비한 힘의 원천이므로 머리카락을 바치는 것은
자기 자신을 가장 낮추는 표현이기도 하다. 깊은 은혜를 입었
을 때 감사의 표현으로 '머리카락으로 짚신을 삼아 드려도 좋다'
라고 하는 것도 자신의 가장 소중한 것을 바쳐서라도 보은을 하
겠다는 의지를 보여 주는 것이다. 신약성서에는 막달라 마리아
가 예수의 발을 눈물로 적신 뒤 자신의 머리카락으로 닦아 주는
일화가 등장한다. 예수가 그녀의 죄를 사한 것은 그녀의 행동이
진정한 뉘우침으로 자신을 가장 낮추었기 때문에 가능한 것으
로 보았기 때문이다. 인도에서 부모의 상喪을 당한 자식은 머리
카락을 한 줌만 남기고 모두 밀어 버린다. 부모의 죽음을 애도
하는 가장 경건한 방식이 자신의 머리카락을 자르는 것이라는
뜻에서이리라. 이렇게 머리카락을 짧게 자르는 것은 자기 자신

을 한없이 낮춘다는 표현이다.

출가를 한 스님들은 머리를 싹 밀어 버린다. 수녀들이 머리를 가리는 것이나 성당에서 미사를 올리는 여성 신자들이 미사보로 머리를 가리는 것, 무슬림 여자들이 히잡으로 머리카락을 숨기는 것도 모두 같은 맥락에서 생각할 수 있다. 잡스러운 생각이나 유혹을 멀리하면서 오직 구원과 깨침을 위한 길을 가겠다는 생각을 그와 같은 방식으로 표현하는 것이다. 말썽 부리는 딸내미를 강하게 단속하고 싶은 부모는 딸의 머리카락을 자른다. 딴생각하지 말라는 의미이다. 너는 이처럼 별 볼 일 없는 존재이니 부모 말에 순종하라는 의미이기도 하다.

반대로 머리카락을 과장되게 표현하는 것은 자신의 권력과 위세를 높이기 위한 방법이기도 하다. 서양 왕족이나 귀족들은 가발로 자신의 위세를 드러내고 싶어 했다. 조선시대에는 가난한 여자들이 생활고를 해결하기 위해 잘라 판 머리카락으로 만든 가체가 지체 높은 집안 여자들의 머리를 장식했다. 가체가 너무 무거워 여자들의 목뼈가 부러지는 참사가 발생했는데도 가체에 돈을 쏟아붓는 일이 줄어들지 않아서 법으로 가체를 금지한 일이 역사에 기록되어 있다.

아직도 머리카락 이야기는 계속된다

오늘날까지도 머리카락에 대한 관심과 정성은 조금도 수그러들지 않았다. 어느 날 수북하게 빠진 머리카락에 절망하는 여자들, 점점 넓어지는 이마에 좌절하는 남성들을 우리는 수도 없이 목격한다. 이 글을 쓰고 있는 사람도, 또 이 글을 읽고 있는 사람도 머리카락에 대한 집착에서 완전히 자유롭다고 하지는 못할 것이다.

현대 사회에서 사람들의 관심 동향을 읽을 때에는 돈이 어디로 흐르는가를 파악하면 손쉽다. 외딴 곳에 작은 아파트 단지가 하나 생겨나고 그곳에 2층짜리 작은 상가 건물이 들어서면 그 상가에는 반드시 부동산, 슈퍼마켓, 중국 음식점, 영어 학원(혹은 미술 학원이나 태권도 도장), 그리고 미용실이 입점한다. 미용실, 두피 관리실, 발모제, 모발 관리 제품들…… 정확한 통계 자료는 없지만 현대인이 머리카락에 쏟아붓는 돈이 GDP의 상당 부분을 차지하고 머리카락 관련 산업 일자리가 고용의 상당 부분에 이를 것임을 미루어 짐작할 수는 있다.

머리카락은 신체의 일부가 아니다. 사람들은 동서고금을 막론하고 머리카락에 중대한 의미를 부여했다. 머리카락은 아픔을 느끼지도 못하고 신체의 다른 부분이 성장을 멈춘 뒤에도 성장을 계속한다. 긴 머리를 풀어헤친 귀신 이야기가 그토록 많은 이유는 사람이 죽은 뒤에도 머리카락이 계속 자란다는 속설이 퍼져 있기 때문이다. 잘라도 잘라도 계속 자라나며 신체의 제일 윗부분에 있어서 가장 선명하게 눈에 띄는 부위이기에 사람들은 머리카락에 그렇게 많은 관심을 가지는 것일까?

남녀를 막론하고 머리카락은 중요한 의미를 가지고 있지만 특히 여자들은 머리카락에 더 집착한다. 남자들도 여자들의 머리카락에 관심을 많이 가지고 있다. 길고 찰랑찰랑한 생머리를 가진 여성은 남성들의 변치 않는 로망이기도 하다. 궁금하지 않은가? 왜 사람들은 머리카락에 집착할까? 특히 여자들의 긴 머리에 집착하는 이유가 뭘까?

진화심리학은 여기에 대해 아주 재미있는 해답을 제공한다. 인류의 오랜 역사를 거슬러 올라가 보면 다른 모든 생명체와 마찬가지로 인간 역시 자신의 유전자를 대대손손 이어가기를 열망했다. 자신의 유전자를 물려주는 것은 유한한 생명이 끝나도 생명을 이어 갈 수 있는 유일한 방법이기 때문이다. 남성들은 종족 보존의 본능에 따라 이왕이면 건강한 모체를 찾아 자신의 유전자를 남기고 싶어 한다. 그런데 어떻게 모체가 건강한지 아닌지를 판단할 수 있을까?

머리카락은 인간의 신체 가운데 가장 선명하게 주인의 건강 상태를 보여 줄 수 있는 신체 부위라고 한다. 건강한 사람들의 머리카락은 윤기가 흐르지만 병을 앓는 사람들의 머리카락은 그렇지 못하다. 병을 앓는 동안 신체는 병에 맞서 싸우기 위해 몸에서 이용 가능한 영양소를 모두 끌어들이는데, 이때 머리카락은 신체가 병을 이기기 위해 영양소를 끌어다 쓸 수 있는 가장 손쉬운 부위이다. 머리카락은 생존에 필수적인 부위는 아니기 때문이다. 그러므로 건강을 잃으면 가장 먼저 머리카락이 윤기를 잃어버리게 된다. 게다가 머리카락은 아주 천천히 자란다. 1년에 15센티미터 정도? 그러니 여자의 긴 머리카락은 최근 몇 년간의 건강 상태를 보여 주는 선명한 척도가 된다. 남자들은 여자의 긴 머리카락을 보며 건강 상태를 판단할 수 있고, 건강한 여성은 자신의 긴 머리카락을 보여 줌으로써 자신의 건강 상태를 과시할 수 있다는 것이다. 이와 같은 필요 때문에 남자는 여자의 긴 머리를 좋아하게 되었고, 여자들은 머리를 길게 기르는 것을 좋아하는 쪽으로 진화가 이루어졌다는 것이 진화심리학의 설명이다.

이런 원리를 발전시켜 보면 나이 든 여자들이 머리를 짧게 자르는 것도 쉽게 이해할 수 있다. 나이가 들어 가면서 전성기의 건강을 잃어버린 여자들은 구태여 머리를 길게 길러 자신이 별로 건강하지 못한 존재라는 것을 세상에 광고할 이유가 없다. 머리를 짧게 잘라 자신의 건강 상태를 은폐하는 것이 본인에게 유리하다. 남자들이 여자들의 짧은 머리를 별로 좋아하지 않는 것도 같은 원리로 이해할 수 있다. 짧은 머리는 남자가 여자의 건강 상태를 판단하는 것을 어렵게 만든다. 파악할 수 없는 것, 모호한 것, 분명치 않은 것을 회피하고 싶기에 여자들의 짧은 머리를 보면 경계심이 생겨나는 것으로 추정해 볼 수 있다.

더 이상 머리를 기르기에 적절한 나이가 아닌데도 계속해서 긴 머리를 고집하는 여자들을 볼 때의 불편한 마음도 설명이 가능하다. 그가 만약 긴 머리를 고집해도 좋을 만큼 윤기 흐르는 머릿결을 가지고 있다면, 그것은 내가 그에 비해 그만큼 열등한 존재라는 것을 확인하게 만든다. 마음이 불편하다. 반대로 이미 머릿결이 그다지 좋지 않아 긴 머리에 적합한 상태가 아닌데 머리를 기르고 있어도 마음이 불편하기는 마찬가지이다. 나이가 들면 번식 능력 이외에 다른 것으로 승부를 해야 할 터인데 아직도 번식 능력을 상징하는 머리카락에 집착하는 것을 보면, 즉 아직도 여자이기를 고집하고 있는 것을 보면 안쓰럽고 측은한 마음과 함께 내가 암컷이기를 너무 일찍 포기해 버린 것은 아닌가, 하는 불안감이 생겨나기 때문이다.

사실 내가 미모의 여성으로 살지 못하게 방해하는 것이 어디 머릿결뿐이겠는가? 착하지 못한 몸매나 이모저모 부족한 이목구비도 분명 나의 미모를 가로막는 원흉이지만, 이런 요소들은 머릿결에 대한 열등감만큼 나를 구속하지 못한다. 가령 옷을 사 입으러 가서 굵은 허리와 똥배 때문에 옷태가 제대로 나지 않는다면, 나는 당연히 내게 맞는 옷을 파는 옆집으로 걸음을 옮길 것이다. 맞지도 않는 옷을 점원이 권하는 대로 떠안고 지갑을 열지는 않을 것이라는 얘기이다. 또 화장품을 사러 가서 내 부족한 이목구비 때문에 위축되었다고 해도 점원이 내게 모멸을 안겨 준다면 참고 있지도 않을 것이다. 너무나 당연하게도 옷가게 점원이 나를 보고 "허리가 너무 굵네요" 하지도 않을 것이고 화장품 가게 점원이 나를 보고 "이목구비가 좀 부족하네요" 하지도 않을 것이다. 그런 말을 듣고 참을 고객이 어디 있겠으며 그런 대접을 받고도 지갑을 여는 고객은 또 어디 있겠는가. 그러니 이들이 망할 작정을 하지 않은 이상 나에게 그런 망언을

던질 이유가 없다. 그런데 미장원에서는 그렇게 한다. 미용사는 망설이지도 않고 "머릿결이 정말 약하네요"라고 지적하고 고객은 그 수모를 그대로 감당하며 겸손하게 자신을 낮춘다. "제가 원래 그래요. 알아서 해주세요." 이것이 머리카락이라는 특수한 신체 부위가 갖고 있는 힘이다.

내가 라푼젤이라면 스스로 머리카락을 자르겠다

라푼젤은 사실 혼전에 온갖 규범에 갇혀 사회적으로 유폐된 모든 처녀들에 대한 은유이다. 혼전에는 부모가 시키는 대로 갇혀 살며 머리카락이나 기르다가 결혼하고 나면 상대 남성이 내 머리카락을 타고 오르는 것을 감당하느라 머리 가죽이 찢어질 것 같은 고통을 감내하며 사는 삶에 대한 은유.

인류가 진보라는 것을 해 왔다면 특수한 신체 부위가 우리의 삶을 가지고 놀지 못하도록 제어하는 힘을 가지는 것도 포함되어 있지 않을까? 그건 아주 쉬운 일일 수도 있다. 생각만 바꾸면 되니까.

내가 라푼젤이라면? 길고 탐스러운 머리카락에 대한 애착을 집어던질 테다. 길고 탐스러운 머리카락의 용도가 수컷을 꼬드기는 데 있음을 직시하고, 수컷을 꼬드겨서 내 운명이 바뀔 것이라는 헛된 꿈 따위는 내던져 버릴 테다. 밧줄 하나도 준비하지 않고 여인을 얻겠다고 설쳐 대는 무능한 왕자에게 머리카락을 내어 주는 고통을 감내하지도 않으련다.

나는 내 스스로 머리를 잘라 그 머리로 밧줄을 만들 것이다. 그리고 매일매일 팔 굽혀 펴기와 윗몸 일으키기로 근육의 힘을 기른 뒤, 머리카락 밧줄을 타고 유유히 탑을 빠져나가리라. 머리카락을 잘라 내어 한결 가벼워진 머리를 살랑살랑 흔들어 보며 새로운 생을 향해 뚜벅뚜벅 나아가리라. 혼자 힘으로 탑을 빠져나온 나인데, 다른 무슨 일인들 못 할까.

미녀는 왕자로 변한 야수를 사랑했을까

미녀와 야수

네가 사랑한 그 야수가 왕자 맞아?

세상에는 딸을 볼모로 삼아 생을 도모하는 부모들 이야기가 어찌 이리 많은지! 바리공주는 병든 아버지를 위해 이승과 저승을 오가는 모험을 감행하고, 심청은 눈 먼 아버지를 위해 쌀 300석에 인신공양의 제물로 팔려 간다. 공통점은 이 아버지들이 평소에 딸에게 쥐꼬리만큼도 잘해 준 게 없는 위인들이라는 것! 그런 위인들을 부모로 두고도 목숨을 바쳐 지극 정성을 다해 효도하는 이야기를 들려주며 "자식들아, 그에 비하면 나는 얼마나 훌륭한 부모인가, 그러니 감사한 마음으로 효도하라!" 하는 뜻인가?

「미녀와 야수」의 아버지도 마찬가지이다. 딸 셋을 둔 아버지는 먼 길을 떠났다가 돌아오는 길에 야수의 성에서 장미꽃을 꺾는다. 집에서 기다리는 딸들에게 선물로 줄 생각이었다. 하지만 성의 주인인 야수가 애지중지하는 꽃을 꺾은 죄로 야수에게 붙잡힌 아버지는 딸들 중 하나를 야수의 신부로 넘기기로 약속하고 살아남는다. 첫째 딸과 둘째 딸은 기겁을 하며 야수의 신부되기를 거절하지만 마음 약한 셋째 딸이 아버지를 위해 야수의 신부가 되겠다고 나선다. 딸의 안위나 행복보다 자신의 안전이 더 중요한 아버지는 셋째 딸을 변변히 말려 보지도 않고 야수의 성으로 떠나보낸다.

아버지를 대신해 성으로 들어간 미녀는 그곳에서 야수를 만나고 처음에는 야수의 무시무시한 모습에 기겁을 하지만 결국 야수와 사랑에 빠진다. 진정한 사랑을 담은 키스를 하자 야수는 왕자가 된다. 야수의 정체는 마녀의 심술 때문에 마법에 걸린 왕자였던 것이다.

「미녀와 야수」는 부모가 정해 주는 대로, 얼굴 한번 제대로 보지도 못한 남자와의 결혼을 앞두고 불안하고 초조한 처녀 아가씨들에게 인기가 있었다고 한다. 이 이야기 덕분에 아가씨들은 이제 곧 만날 신랑감이 야수처럼 보일지라도 사실은 왕자일 것이라는 믿음을 가지고 새로운 삶을 향한 발걸음을 옮길 수 있었을 것이다.

세상 모든 이야기는 현실을 반영하지만, 그렇다고 해서 이야기가 그대로 현실이 되는 것은 아니며 현실이 그대로 이야기로 옮겨지는 것도 아니다. 그렇다면 우리는 이런 것들을 마땅히 의심해 보아야 할 것이다. 정말 세상 모든 야수들은 사랑에 빠지면 왕자가 되는 것일까? 또 야수와 사랑에 빠졌던 여성은 야수가 왕자가 되어도 계속 그를 사랑할 수 있을까?

내 곁에 있는 남자는 다 야수다

눈이 튀어나올 만큼 비싼 오토바이를 타고 거리를 질주하는 남자들을 본 적이 있는가? 수많은 남자들의 로망인 할리 데이비슨 오토바이는 젊은 남자들의 변치 않는 로망이지만, 정작 그 비싼 오토바이의 주인이 젊은 남자인 경우는 거의 없다. 오토바이에서 내려 헬멧을 벗으면 나타나는 나이 든 남자의 얼굴. 모든 젊은 남자들이 할리 데이비슨을 열망하지만, 꿈을 이루었을 때 그 남자는 더 이상 젊지 않다. 이것이 현실이다.

　드라마 속 남자 주인공들은 하나같이 돈도 많고 사회적으로 성공했으며 착한 외모를 가졌음에도 불구하고 일편단심 볼 것도 없는 여자 주인공을 해바라기한다. 하지만 현실에서 결혼을 앞둔 젊은 남자가 모든 것을 갖추는 것은 낙타가 바늘구멍을 통과하는 기적만큼이나 어려운 일이다. 돈 많은 부모를 만나는 행운을 갖고 태어나지 못한 대부분의 남자들은 돈이 없으며, 사회적으로 성공하기에는 경력을 쌓을 시간이 부족하다. 외모는? 말하지 않아도 우리는 너무 잘 안다. 잘생긴 배우들이 큰돈을 벌 수 있는 것은 그렇게 생긴 남자들이 너무나 드물기 때문이라는 것을. 만나 보지는 못했지만 드물게 있기는 하겠지, 그런 완벽한 남자가. 하지만 그런 완벽한 남자 곁에는 반드시 다른 여자가 있다. 그런 남자를 세상이 그냥 놔둘 리가 없지 않은가. 그러니까 내 곁의 남자가 〈시크릿 가든〉의 현빈일 가능성은 제로에 가깝다. 결론은 내 곁의 남자는 언제나 왕자가 아니라 야수라는 것.

결혼을 앞둔 여자들은 이 '야수'를 생각하며 계산기를 두드린다. 지금은 돈이 없지만 언젠가 큰돈을 벌어 나를 호강시켜 주지 않을까? 지금은 찌질한 일을 하고 있지만 세월이 흐르면 높은 자리에 올라 나를 빛나게 해주지 않을까? 하지만 우리는 안다. 대부분의 야수는 끝까지 야수인 채로 살다가 야수인 채로 죽는다. 사랑에 빠진다고 야수가 왕자가 되는 것은 아니란 말씀.

야수인 게 뭐 어때서?

야수인 채로 살다가 야수인 채로 죽을 남자와 평생을 함께해야 하는 여자는 불행한가? 그것은 그들이 어디에 사는가에 달렸다. 성인가, 들판인가? 평생 성에서 살 것이라면 왕자와 함께 사는 편이 좋을 것이다. 왕자가 빛날 수 있는 것은 많은 부와 권력을 가지고 성에서 살고 있기 때문이다.

하지만 들판이 나의 운명이라면 문제는 달라진다. 여차저차해서 들판에 던져졌을 때 왕자와 함께 던져지기를 원하는가? 모든 문제를 해결해 주는 하인이 없다면 왕자는 무슨 일을 할 수 있을까? 왕자는 언제나 다른 사람의 손을 빌려 살아왔기 때문에 도와주는 손이 없어지는 순간, 무능력 그 자체일 뿐이다. 자신이 감당할 수 없는 상황 앞에서 히스테리를 부릴지도 모른다.

그리고 정신을 차리면 자기 옆에 있는 여자, 바로 당신에게 요구하겠지. 수많은 하인들이 해오던 바로 그 일을 대신해 달라고. 왜? 나는 왕자니까. 그렇다. 그는 왕자이지만 당신은 공주가 아니다. 그러니 일을 하라, 왕자를 위해.

왕자가 왜 성을 나와 들판으로 가겠냐고 묻지 마라. 세상일을 어찌 알겠나. 그 잘나가던 일본이 대지진과 원전 방사능 유출로 그런 꼴이 될 거라고 예측한 이들이 몇이나 되겠나. 돈도 많고 기술도 최고 수준의 일본이 어련히 훌륭하게 내진 설계를 해서 만들었으려니, 다들 그렇게만 생각했겠지. 그런데도 일은 터졌다. 왕자라고 언제까지나 성에서의 삶이 보장되는 것은 아니다.

그가 야수라면 문제는 달라질 것이다. 어차피 들판은 그의 삶의 터전이다. 그는 계속해서 스스로의 노동으로 살아왔다. 이제까지 그랬으니 앞으로도 그럴 것이다. 당신을 공주처럼 모시지는 않겠지만 적어도 자신을 왕자로 모시라며 하인처럼 부리려고 하지도 않을 것이다. 성대한 만찬은 없겠지만 굶지도 않을 것이다. 적어도 왕자의 배를 채워 주기 위해 정작 자신은 하루 종일 일하고도 배를 곯는 일은 생겨나지 않을 것이다.

왕자로 변한 야수를 계속 사랑할 수 있을까?

마음씨도 착하고 지혜롭기도 한 우리의 주인공은 야수의 험한 외모에도 불구하고 야수를 사랑했다. 진심으로. 그런데 알고 보니 그 야수가 왕자였던 것이다. 내가 궁금한 것은 왕자로 변한 야수를 그 아가씨가 계속 사랑했을까 하는 것이다.

간단히 생각한다면야, 로또 뽑았다 생각하면 그만일 것이다. 하지만 조금만 더 깊이 생각한다면 문제는 그렇게 간단하지 않음을 깨닫게 된다. 미녀가 사랑한 것은 야수였다. 야수임에도 불구하고 사랑했을 수도 있지만 야수이기에 사랑했을 수도 있지 않을까. 무슨 턱도 없는 소리냐고? 하지만 사람들은 누구든 마음 한구석으로 야수를 꿈꾸지 않나?

누구든 계획되고 예정된 길, 세상 사람들이 기대한 길에서 벗어나 오직 욕망에 충실해지는 순간을 열망한다. 그게 사랑이다. 눈에 콩깍지가 쓰이고, 판단력은 흐려지고, 상식은 뒤로 물러나고, 자제심은 약해진다. 그가 아니면 나도 없을 것 같은 그 사랑의 순간. 그 사랑의 인도에 따라 누군가를 만나고, 사랑에 빠지고, 사랑을 키워 나가기를 누구든 바라지 않는가. 다시 말해 본능에 충실한 야수가 되기를 바라는 것이다.

그런데 왕자는 운명의 상대를 만나 사랑에 빠져 결혼할 수 없다. 돈이든 권력이든 뭔가가 있는 사람들의 결혼은 그렇게 우연에 의지할 수 없다. 이 남자가, 혹은 이 여자가 나를 사랑한 것인지, 아니면 내가 가진 돈이나 권력을 좋아하는 것인지를 구별하는 데에 어려움을 겪지 않을 방법은 딱 하나다. 내가 가진 만큼 가지고 있는 사람을 배우자로 선택하는 것. 그런데 세상에는 가진 사람들이 많지 않다. 선택의 폭은 매우 좁아지고 그 좁은 물 안에서 운명의 상대를 만나는 것은 어차피 불가능하기에 순순히 집안이 정해 주는 '적당한 혼처'를 선택한다.

운명적 사랑은 야수들에게 훨씬 쉽다. 일단 세상에는 왕자나 공주보다는 야수가 훨씬 많으니 선택의 폭도 넓고, 결정적으로 어떤 선택을 한다 해도 크게 잃을 것이 없다. 그래서 앞뒤 재지 않고 거리에서 그녀를 쫓아갈 수도 있고, 무작정 차나 한잔 하자고 들이댈 수도 있다. 하지만 왕자에게는 그것이 불가능하다.

미녀는 왕자로 변한 야수를 계속 사랑할 수 있었을까? 우리의 주인공이 만난 남자가 처음부터 왕자였다면 주인공의 사랑을 얻기 위해 그렇게 애면글면할 이유도 없었을 것이다. 혹 그 아가씨가 마음에 들었다 해도 보다 거만한 자세로 접근하지 않았을까? '내가 이렇게 멋지고 이렇게 잘났는데 날 사랑하지 않고 배기겠어?' 하는 마음으로 말이다. 그런데 우리의 주인공 미녀는 얼굴만 예쁜 것이 아니라 지혜롭고 현명한 아가씨이니 자신을 낮출 줄 모르는 거만한 남자에게는 마음이 끌리지 않았을 것 같다.

더 궁금한 것은 왕자의 마음이다. 왕자로 변한 그 남자는 계속해서 그 미녀를 사랑할 수 있었을까? 불우했던 시절은 끝나고 이제 세상이 그의 것인데, 계속해서 그 시골 처녀를 사랑할 수 있을까? 고시 공부 하는 남자 뒷바라지로 젊은 날을 다 보낸 여자가 남자의 고시 합격 후에 헌신짝 취급 당하는 스토리가 떠오르는 것은, 내가 드라마를 너무 많이 본 탓일까?

야수를 사랑하는 방법

어차피 세상 남자들은 대부분 왕자가 아니라 야수이고, 그러니 공주가 아닌 여자들이 만날 남자 역시 야수일 뿐이라면 우리는 왕자와 만날 날을 기다리기보다 야수와 함께 행복해지는 방법을 깨치는 것이 나을 것이다.

가장 중요한 것은 그가 야수라는 점을 그대로 받아들이는 것이다. 내가 진심으로 사랑하면 그가 어느 날 왕자로 변하겠지, 하는 생각은 버리는 편이 좋다. 그가 정리 정돈이라고는 모르는 남자라면 평생 어지르며 살 것이고, 그가 경제 관념이 약한 남자라면 카드 결제일이 다가올 때마다 스트레스를 받으면서 살 것이다. 큰소리치기를 좋아하는 남자라면 평생 그의 공약에 속으면서 헛웃음을 지어야 할 것이고, 잔소리를 좋아하는 남자라면 그의 잔소리에 구시렁대는 나날이 이어질 것이다. 그런데 생각해 보면 나도 마찬가지 아닌가. 나는 늦잠 자는 습관을 떨치기가 힘들고 (저혈압이라 어쩔 수 없다고 주장한다) 충동적으로 옷을 사들이는 행동을 반복하며 (스트레스 받아서 할 수 없었다고 변명한다) 작은 일에 발끈하는 성미를 그대로 달고 살아가지 않는가. (주위 사람들이 내가 착하게 살도록 내버려 두지 않기 때문이라고 설명한다.) 서로가 상대방을 바꾸려고 노력해 보겠지만 잘 되지 않는다는 것을 깨닫게 되겠지. 하지만 내가 공주가 아니라도 그가 나를 좋아했듯, 그가 왕자가 아니라도 내가 그를 좋아했듯, 그 첫 마음을 기억하면 될 것 같다.

우리가 미녀와 야수 이야기를 읽으며 종종 까먹는 중요한 사실 하나는 야수가 왕자로 변한 것이 아니라, 원래 왕자였으나 잠시 야수로 변한 그가 왕자로 되돌아왔을 뿐이라는 점이다. 이야기 속에서 왕자가 야수로 변할 수 있었던 것은 그가 원래 왕자였기 때문이다. 이 글을 읽는 그대가 아직 운명의 누군가를 만나지 못했다면 꼭 해주고 싶은 얘기가 있다. 잊지 마라, 그대. 어차피 당신은 왕자를 만나지 못하며, 당신이 만나는 야수를 왕자로 변신시키지도 못한다. 그러니 그가 왕자로 변신할 것이라는 믿음으로 누군가를 좋아하지는 마라. 하지만 야수도 나쁘지 않다. 내가 살 곳은 성이 아니라 들판이고, 나 또한 공주가 아니기에.

그리고 결혼해서 살다 보면 결혼 전과는 다른 면들이 중요해진다. 연일 미쳐 버리게 바쁘던 나날을 보내면서 '게으르게 살자'라는 인생관을 정면으로 위반하고 있던 작년 겨울. 밤 10시가 넘어 집에 돌아오니 우리 집 야수가 김장을 다 해놓고 의기양양하게 나를 맞는 것이 아닌가. 그 순간 그가 얼마나 멋져 보이던지. 나는 다시 한번 그에게 반했다. 다시 한번 그와 사랑에 빠졌다. 그리고 생각했다. 그가 왕자가 아니라서 얼마나 다행인가!

학교에서도 야수를 사랑하기

이렇게 따져 보면 학교에서 만나는 수많은 야수들을 구태여 왕자로 만들려고 애쓰는 것은 정말 무의미한 일이다. 왕자가 될 가능성도 적고 왕자가 된다 해도 행복이 보장되는 것도 아닌데, 가능성도 적고 결과도 만족스럽지 않은 일에 우리가 왜 그토록 노심초사하고 있는 것일까? 아이들은 자라 들판으로 나갈 것이고, 야수로서 척척 삶의 난관을 헤쳐 나갈 것이다. 공부는 못해도 다른 재주가 있으면 된다고 말하려는 것이 아니다. 불행히도 재능은 공평하게 부여되는 것은 아닌 모양이어서 학교에서 만나는 아이들은 하나를 못하면 다른 것도 못하는 경우가 대부분이다. 야수들은 공부를 못할 뿐 아니라 다른 재주도 없다. 의욕도 없다. 하지만 괜찮다. 이것저것 다 못해도 된다. 잘하는 것 하나 없어도 '나는 소중한 존재'라는 믿음 하나만 있으면 그 힘으로 살아갈 수 있다. 괜찮다, 다 괜찮다.

툭하면 112에 전화를 해 교사를 신고하고 교사에게 욕설을 날리고 폭력도 행사한다며, '요즘 아이들'을 염려하고 이 사회의 내일을 걱정하는 많은 이들이여, 마음 놓으시라. 그래도 아이들은 여전히 교사의 소소한 칭찬 한마디에 세상을 얻은 듯 기뻐하고 수업 시간에 우연히 정답을 맞히면 그 성공의 기쁨으로 몇 날 며칠을 보낸다. 그들이 왕자였다면 어림도 없는 노릇이다. 그러고 보니 내가 만나는 아이들이 왕자가 아니라서 또 얼마나 다행인지!

맺음말

나는 아이들은 죽어라 공부해야 하고, 시간은 아껴 써야 한다는 것과 같이 세상 많은 이들이 당연하다고 믿는 것들에 의문을 갖는 이들이 많아져야 한다고 생각한다. 그래서 이 책은 '물론의 세계'에 던지는 수많은 의문에서 출발했다.

며칠 전 중학교 1, 2학년 학생들과 인권에 대한 수업을 한 일이 있다. '유엔 어린이·청소년 권리 조약'에서 당장 나에게 절실하게 필요한 것 하나를 고르라고 하니, 모두가 입을 모아 "31조요!" 한다. 그 대답이 정말 절절하다. 맞혀 보라. 제31조가 뭘까? 중학생들이 한목소리로 원하는 것은? 제31조는 '우리에게는 쉬고 놀 권리가 있다'라는 조항이다. 아이들의 대답을 듣고 있으니 갑자기 가슴 깊은 곳에서 무언가가 울컥한다. 유사 이래 가장 많은 관심과 물질적 풍요를 누리며 성장하고 있는 우리의 어린이 · 청소년들은 쉬고 싶단다.

'사교육 없는 학교'는 방과 후 학습 노동의 장소를 학원에서 학교로 옮겨 온 것이다. 차이는 학교는 값이 싸고 학원은 비싸다는 것뿐이다. 학원에서 하면 나쁜 것이 학교에서 하면 좋은 것이 되는가? 어린이와 청소년들은 휴식을 원하는데 어른들은 그에게 값이 싼 새로운 학습 노동의 장소를 제공할 뿐이다. 이런 속내는 들여다보지 않고 통계는 사교육을 받는 학생들이 줄었다고 하고 신문은 그것을 그대로 보도한다. 그리고 우리는 그 신문을 보면서 안도한다. 학교와 아이들은 지금 세상의 뜨거운 관심 덕분에 괴롭다. 외면당하는 것이 괴롭지 관심을 받는 것이 뭐가 괴롭냐고 누군가 묻는다면, 나는 "새장에 갇힌 새는 애무에 겨워 죽는 법"이라던 어느 시인의 절규로 그 답을 대신하고자 한다.

'사교육 없는 학교'와 함께 교육의 새로운 대안으로 등장하고 있는 것은 '자기 주도적 학습'이다. 사교육에 의존하느라 제힘으로 공부하고 자기 머리로 생각하는 것이 서툰 아이들이 많아지자 대학이 자기 주도적 학습 능력이라는 것을 평가하겠다고 했기 때문이다. 그래서 아이들은 학교 정규 수업을 마친 후 방과후 수업으로 '자기 주도적 학습'에 대해 배운다. 자기 주도로 무언가를 하는 것을 배운다는 것도 참으로 엽기적인 일이지만 어떤 것을 배우는가를 살펴보면 다시 한번 울컥할 수밖에 없다. 아이들은 시간을 쪼개 공부하는 것을 배운다.

쉬는 시간을 쪼개 단어를 외우고 점심 시간을 아껴 수학 문제를 푼다. 자투리 시간을 모으니 이렇게 큰 시간이 되었다고, 자기 주도 학습에 성공한 아이들을 다룬 교육방송의 프로그램에 출연한 아이는 자랑스럽게 말한다. 하지만 쉬는 시간은 쉬라고 있는 시간이고, 점심 시간은 점심을 먹으라고 있는 시간이다. 친구들과 얘기도 하고, 장난도 치고, 학교 여기저기를 어슬렁거리면서 흥청망청 낭비하라고 있는 시간들을 자기 주도 학습에 쓰는 아이는 언제 쉴 수 있을까?

목표를 세우고 시간을 관리하고 자신을 통제하는 것은 성공으로 가는 비결 같지만, 그것은 어른들에게도 어려운 일이다. 바로 그렇기 때문에, 어른이 되어서 익히려면 어렵기 때문에, 어렸을 때부터 신체와 영혼에 각인시켜야 한다고 믿는 이들도 있을지 모르겠다. 오늘의 아이들은 시간 관리를 배우고 목표 설정을 배우고, 군더더기 없이 알찬 생활을 하는 것을 배우며 자라난다. 끊임없이 어른의 삶을 복제하면서 자라는 것이다.

이 아이들이 자라서 힘든 일에 부딪혔을 때 이들을 지탱해 줄 뒷심은 어디에서 올까? 나는 지금도 굳게 믿는다. 내가 어린 날 보낸 그 어영부영했던 시간들이 오늘의 나를 밀고 가는 뒷심이 되었다고. 그 어영부영했던 시간들 속에 이야기가 있다. 이야기 속에서 새로운 이야기를 찾아가고, 기상천외한 주인공들과 관계를 맺고, 끊임없이 질문하고 계속해서 의심하는 동안 우리는 한없이 자유로우며 한없이 새롭다.

이 책이 바쁜 어른들과, 그보다 더 바쁜 아이들에게 드리는 열쇳말이 되었으면 좋겠다. 이 열쇠를 손에 쥔 이들은 모두 동화 마을로 갈 수 있다. 더 많이 의심하고, 더 많이 질문하면서 어떤 마을이건 마음 내키는 대로 어슬렁거리시라.